Treasures for Scholars Worldwide

師顧堂叢書

蔣鵬翔 沈楠 主編

金澤文庫本 春秋經傳集解

成公 襄公

四

〔晋〕杜預 注

广西师范大学出版社 GUANGXI NORMAL UNIVERSITY PRESS

·桂林·

左傳集解
十二

陸曰成公名黑肱宣公子謚法安民立政曰成

陸曰成公名黑肱宣公子謚法安民立政曰成

春秋經傳集解成上第十二　杜氏　盡十年

正十八

經元年春王正月公即位 無傳 二月辛酉葬我君宣公 無傳 無冰 無傳周二月今之十二月而無冰書冬溫 三月作丘甲 周禮九夫為井四井為邑四邑為丘丘十六井出戎馬

氷書冬温三月作丘甲為井四井
為邑四邑為丘〻十六井出戎馬
一匹牛三頭四丘為甸〻六十四
井出長轂一乗戎馬四匹牛十二
頭甲士三人步卒七十二人此甸
所賦今魯使丘出甸
之譏重斂故書　夏臧孫許及晉
侯盟于赤棘晉地秋王師敗績于茅
戎茅戎〻之別種也不言戰王者至
尊天下莫之得校故以自敗為
文不書敗地而書茅戎明

尊天下莫之得校故以自敗爲
文不書敗地而書茅戎明爲茅戎所敗書秋從告冬十月

傳元年春晉侯使瑕嘉平戎于王平文
十七年邥垂之役詹嘉處瑕故謂之瑕嘉單襄公如晉
拜成單襄公王卿士謝晉爲平戎劉康公徼戎
將遂伐之康公王季子也戎平還欲要其無備叔服

將遂伐之平還欲要其無備[illegible]服

曰背盟而欺大國此必敗叔服周內史

背盟不祥欺大國不義神人弗助

將何以勝不聽遂伐茅戎三月癸

未敗績于徐吾氏徐吾氏茅戎之別種也為

齊難故作丘甲前年魯乞師於楚欲以伐齊楚師不

出故懼而

齊難故作丘甲欲以伐齊楚師不出故懼而作丘甲

聞齊將出楚師夏盟于赤棘與晉盟懼齊楚秋王人來告敗解經所以秋乃書冬臧宣叔令脩賦繕完治完城郭

具守備曰齊楚結好我新與晉盟

晉楚爭盟齊師必至雖晉人伐齊

晉楚爭盟齊師必至猶晉人伐齊

楚必救之是齊楚同我也同共知

難而有備乃可以逞逞解也為二年齊侯伐我

傳

經

二年春齊侯伐我北鄙夏四月丙

戌衛孫良夫帥師及齊師戰于新

戌衛孫良夫帥師及齊師戰于新築衛師敗績新築衛地皆陳曰戰大崩曰敗績四月無丙戌丙戌五月一日六月癸酉季孫行父臧孫許叔孫僑如公孫嬰齊帥師會晉郤克衛孫良夫曹公子首及齊侯戰于鞌齊師敗績魯乞師於晉而不以與謀

宣七年傳云夏公會齊侯伐萊云云凡師出與謀曰及不與謀曰會

侯戰于鞌齊師敗績而不以與謀之例者從盟主之令上行於下非匹敵和成之類例在宣七年曹大夫常不書而書公子首者首命於國備於禮成為卿故也鞌齊地

秋七月齊侯使國佐如師己酉及國佐盟于袁婁穀梁曰鞌去齊五百里袁婁去齊五十里

八月壬午宋公鮑卒未同盟而赴以名

里八月壬午宋公鮑卒赴以名
庚寅衛侯速卒宣十七年盟于斷道據傳庚寅九月
七日九月取汶陽田晉使齊還魯故書取不以好得
故不言歸冬楚師鄭師侵衛子重不書不親伐
十有一月公會楚公子嬰齊于蜀
公與大夫會不貶嬰齊者時有許蔡之君故丙申公及

有時有許蔡之君故

丙申公及楚人蔡人宋人陳人衛人鄭人齊人曹人邾人薛人鄫人盟于蜀

齊在鄭下非卿傳曰卿不書匱盟也然則楚卿於是始与中國準自此以下楚卿不書皆貶惡也

傳二年春齊侯伐我北鄙圍龍

魯邑在

傳

二年春齊侯伐我北鄙圍龍邑在

泰山博縣西南頃公之嬖人盧蒲就魁門

焉攻龍門也龍人囚之齊侯曰勿殺吾

與而盟無入而封弗聽殺而膊

殺而張其屍於市之義也

諸城上膊磔陟百反也齊侯親鼓士陵城三

日取龍遂南侵及巢丘取龍巢丘不書其

日取龍遂南侵及巢丘　丘不書其義未聞

衛侯使孫良夫石稷甯相（息亮反）向禽將侵齊與齊師遇　齊伐魯還相（舒亮反）遇於衛地良夫孫林父之父石稷石碏（七略反）四世孫甯相甯俞（羊朱反）子

石子欲還孫子曰不可以師伐人遇其師而還將謂君何　言無以答君　若知不能則

將謂君何若知不能則
如無出今既遇矣不如戰也夏有
闕文共新築戰事石成子曰師敗矣子不
少須衆懼盡成子石稷也衛師已敗而孫良夫復扶又反欲戰
故成子欲使須救子喪息浪反師徒何以復命皆
不對又曰子國卿也隕于敏反子辱矣隕見

不對又曰子國卿也隕子辱矣見禽獲子以衆退我此乃止我於此止禦齊師且告車來甚衆新築人救孫桓子故並告令軍中齊師乃止次于鞫居鞫居衛地新築人仲叔于奚救孫桓子桓子是以免于奚守新築大夫既衛人賞之以邑賞于奚

築大夫　則衛人賞之以邑矣

辭請曲縣　軒縣也周礼天子樂宮縣四周諸侯軒縣闕南

方　繁纓以朝許之　繁纓馬飾皆諸侯之服

仲尼聞之曰惜也不如多與之邑唯

器與名不可以假人　器車服名爵號　君之

所司也名以出信　名位不從爲民所信　信以

動不失信則車服

所司也名以出信為民所信信以
守器動不失信則車服可保器以藏禮車服所以
表尊卑禮以行義尊卑有禮各得其宜義以生
利得其宜則利生利以平民政之大節也
若以假人與人政也政亡則國家
從之弗可止也已孫桓子還於新

從之弗可止也已孫桓子還於新
築不入不入國遂如晉乞師臧宣叔
亦如晉乞師皆主郤獻子宣十七年郤克
至齊爲婦人所笑遂怒故魯衛因
之孫桓子臧宣叔皆不以國命各
自詣郤克故不書晉侯許之七百乘五萬二千
五百人郤子曰此城濮之賦也城濮在僖

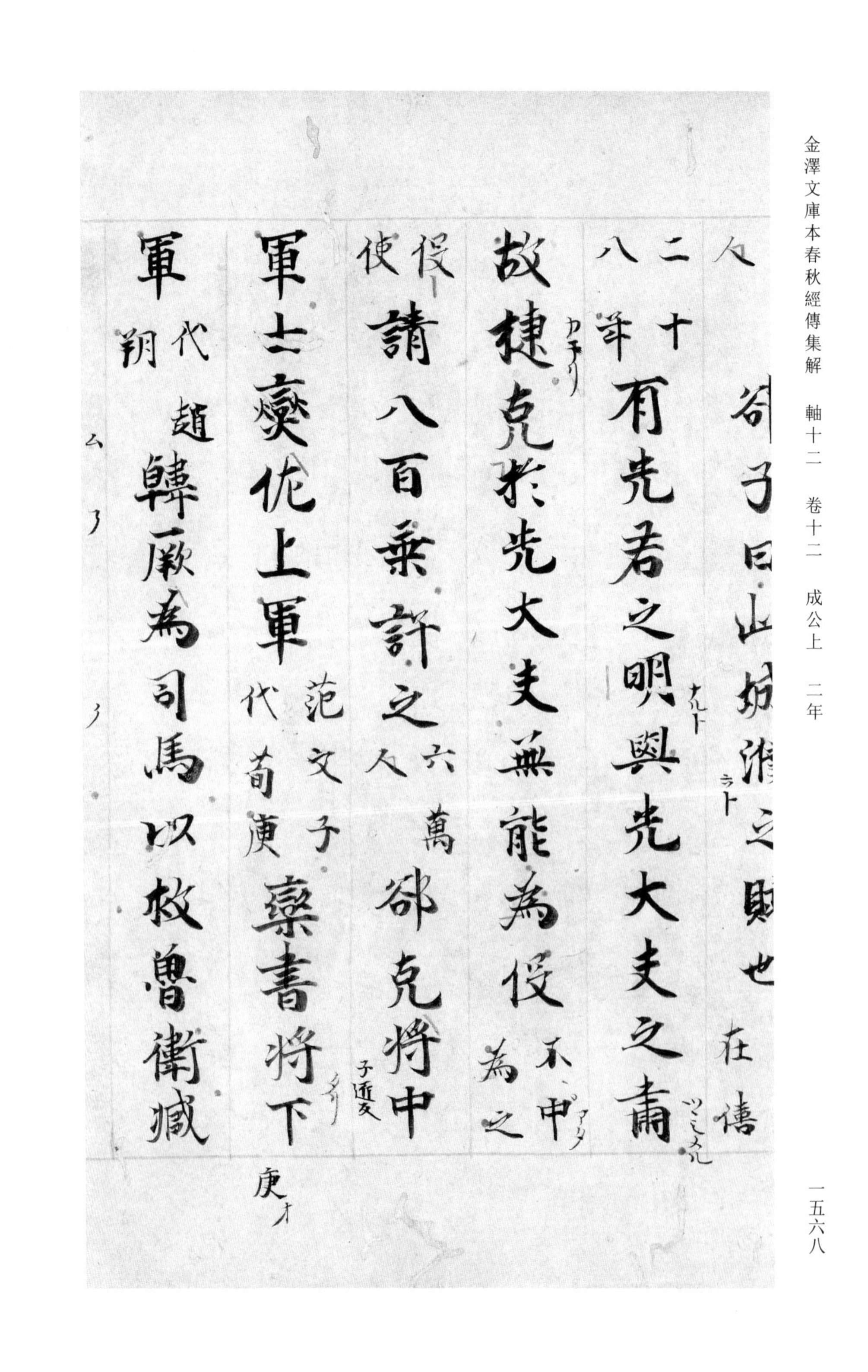

人　郤子曰此城濮之賦也　在僖
二十八年　有先君之明與先大夫之肅
故捷克於先大夫無能為役　不中為之
役使　請八百乘許之　六萬人　郤克將中
軍士燮佐上軍　范文子代荀庚　欒書將下
軍　代趙朔　韓厥為司馬以救魯衛

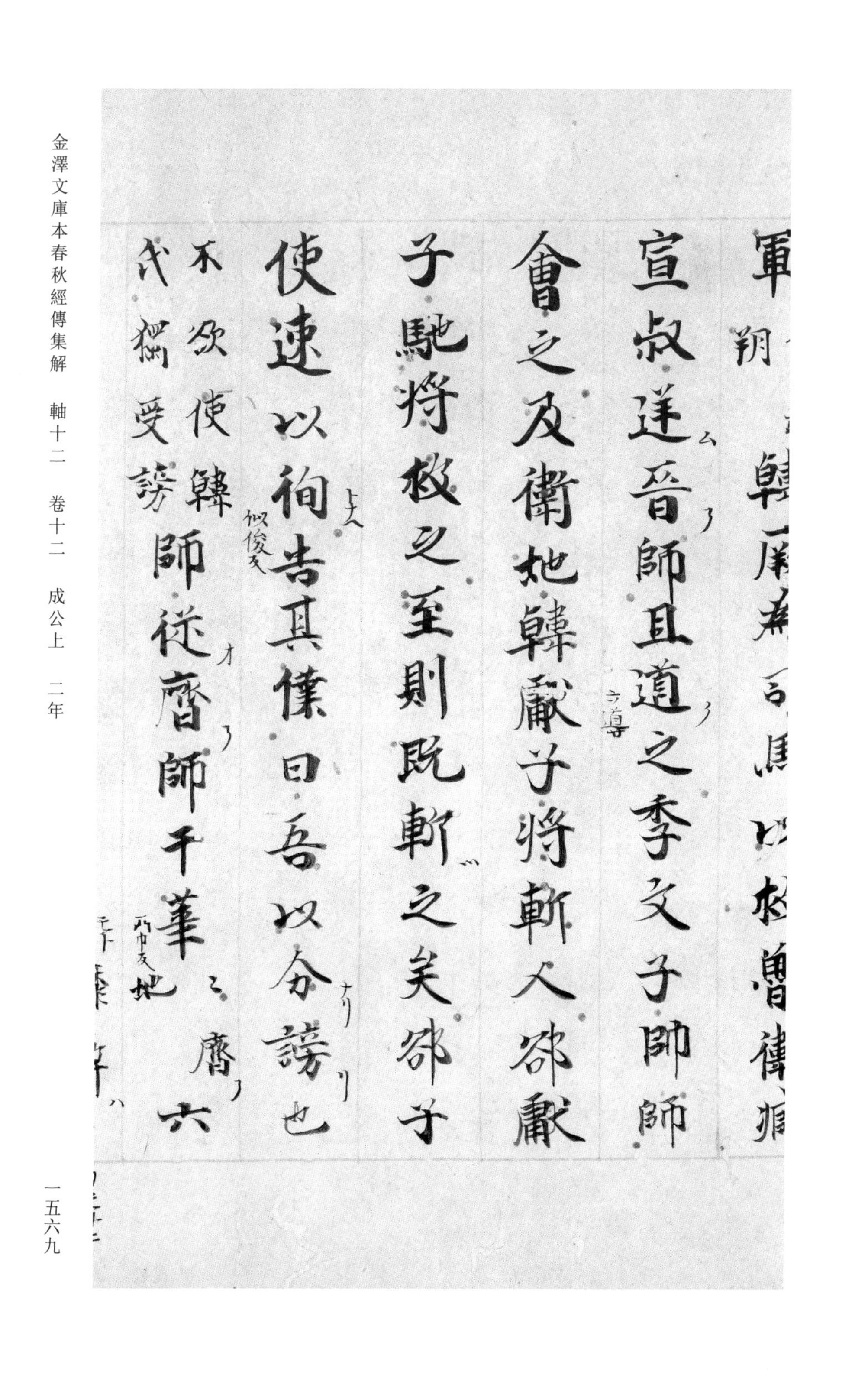

軍翔韓厥司馬以救魯衛臧
宣叔逆晉師且道之季文子帥師
會之及衛地韓獻子將斬人郤獻
子馳將救之至則既斬之矣郤子
使速以徇告其僕曰吾以分謗也
不欲使韓獨受謗師從齊師于莘六

代獨受謗師從齊師于莘地六

如字又方摩 笄方雞

月壬申師至于靡笄之下靡笄山名齊

侯使請戰曰子以君師辱於敝邑

不腆敝賦詰朝請見詰朝平旦對曰晉

與魯衛兄弟也來告曰大國朝夕

憾 胡暗反 本文作感

釋憾於敝邑之地大國謂齊敝邑魯衛自稱寡

釋憾於敝邑之地邑魯衛自稱寡

君不忍使羣臣請於大國無令輿

師淹於君地輿衆也能進不能退

君無所辱命言自欲戰不復須君命齊侯曰

大夫之許寡人之願也若其不許

亦將見也齊高固入晉師桀石以

焉獲見也齊高固入晉師桀石以
投人桀擔也禽之而乘其車既獲其
人因釋己車而載所獲者車繫桑本焉以徇齊壘將至
各壘以桑樹繫車而走欲以自異曰欲勇者賈余
餘勇者賈余餘勇賈買也言己勇有餘欲賣之
癸酉師陳于鞌邴夏御齊侯逢丑

宋韻云薄江反姓也出北海左傳

…江反姓也出北海左傳有逢丑父

癸酉師陳于鞌（直覲反）邴夏御齊侯逢丑父為右晉解張御郤克鄭丘緩為右齊侯曰余姑翦滅此而朝食（姑且也翦盡也）不介馬而馳之（介甲也）郤克傷於矢流血及屨未絕鼓音（中軍將自執旗鼓故雖傷而擊鼓不息）曰余病矣張侯曰自

擊鼓不息曰余病矣張侯曰自
始合而矢貫余手及肘余折以御
左輪朱殷豈敢言病吾子忍之張侯
解張也朱血色血色久則殷殷音
近烟今人謂赤黑為殷色言血多
汙車輪御猶不敢息緩曰自始合苟有險余
必下推車子豈識之然子病矣

必下推車子豈識之乎然子病矣
呂雖反又他回反注及下推車同
以其不識己推車　張侯曰師之耳目在吾
旗鼓進退從之此車一人殿之可
以集事　殿鎮也集成也　若之何其以病敗
君之大事也擐甲執兵固即死也
擐貫也即就也　病未及死吾子勉之乃左

即誠也

并轡必政反徐方聘反右援音袁枹音浮鼓槌也字林云擊鼓柄也大千反下桴而鼓馬逸不能止師

從之晉師從齊師敗績逐之三周

郤克車

華如一又戶化反不注之注反山名華不注

韓厥夢子輿謂己

曰旦辟左右子輿韓厥父

故中御而從

齊侯居中代御者也自非元帥所類反

御者皆在中將在左也

齊傳御者皆在中將在左也

夏曰射其御者君子也公曰謂之

君子而射之非禮也齊侯不知戎禮射其

左越于車下越隊也射其右斃于車

中綦毋張喪車從韓厥曰請寓乘

綦毋張晉大夫寓寄也從左右皆肘之使立

夫寓寄也從左右皆肘之使立
於後以左右皆死不欲使立其處也韓厥俛定其
右俛俯也右被射仆車中故俛俯安隱之逢丑父與
公易位居公處也將及華泉驂絓於木而
止驂馬絓也丑父寢於轏中轏士車也蛇出
於其下以肱擊之傷而匿之故不

於其下以肱擊之傷而匿之故不
能推車而及為韓厥所及丑父欲為右故匿其傷韓
厥執縶馬前縶馬絆也執之示脩臣僕之職也再
拜稽首奉觴加璧以進進觴璧亦以示敬也
曰寡君使羣臣為魯衛請曰無令
輿師陷入君地言但為二國救請不欲乃過入君地

輿師陷入君地不欲乃過入君地
謙辭下臣不幸屬當戎行無所逃
也
隱屬適且懼奔辟而忝兩君臣辱
也
音避注云徐扶臂反服式扶赤反
若奔辟則為辱晉君并為齊
戎士侯弟故言二君此蓋韓厥自
處臣僕謙敬敢告不敏攝官承乏
之飾言也
言欲以己不敏攝承
空乏之從君俱還也丑父使公下

並之從者俱還也　丑父使公下

如華泉取飲鄭周父御佐車宛茷

為右載齊侯以免　佐車副車也　韓厥獻

丑父郤獻子將戮之呼曰自今無

有代其君任患者有一於此將為

戮乎郤子曰人不難以死免其君

逆宋云敵北詳反
逆入

戮乎郤子曰人不難以死免其君
我戮之不祥赦之以勸事君者乃
免之齊侯免求丑父三入三出重其
代已故三入晉軍求之也每出齊師以帥退入
于狄卒齊師大敗皆有退心故齊侯輕出其衆以帥厲退者
遂逆入狄卒狄卒厲者狄人從晉討齊者也狄卒皆抽

遂入

狄人從晉討咎者也　狄卒皆抽

戈楯冒之以入于衛師衛師免之

狄衛畏齊之強故不敢遂自徐關

容咎復皆共免護之也

入齊侯見保者曰勉之齊師敗矣

所過城邑皆勉之　辟女子　使辟君也

勵其守者也　晉侯單還

故婦人不　女子曰君免乎曰免矣

辟之也

辟之也女子曰君免乎曰免矣

曰銳司徒免乎曰免矣銳司徒主銳兵官也

曰苟君與吾父免矣可若何言餘人不

可後如何乃奔走辟若也齊侯以為有禮先問

若後問父故也既而問之辟司徒之妻也

辟司徒主壘壁者也予之石窌石窌邑名濟北盧縣東有

地名石

壘壁者也 予之石窌（力救反一音力到反） 北盧縣東有

地名石窌也 晉師從齊師入自丘輿擊

馬陘 丘輿馬陘皆齊邑也（陘音刑） 齊侯使賓媚人賂（美冀反）（賂音路）

以紀甗（魚輦反徐音彥又音言字林牛健反玉甑也）玉磬與地 媚人國佐也甗甑（子孕反又慈陵反）皆滅紀所

得也 不可則聽客之所為 賓媚人致

賂晉人不可曰必以蕭同叔子為

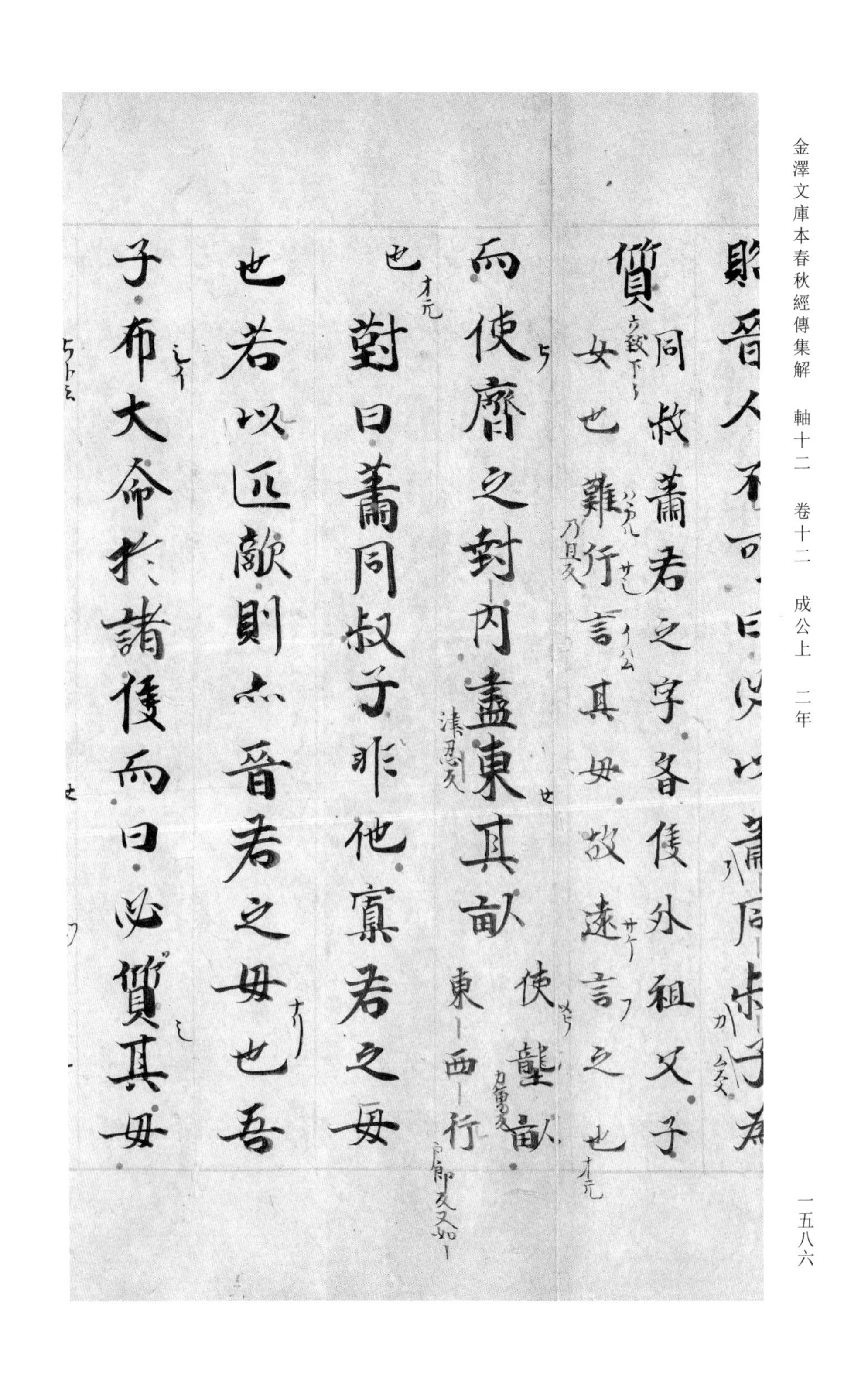

賂晉人不可曰必以蕭同叔子爲

質同叔蕭君之字齊侯外祖父子

女也難斥言其母故遠言之也

而使齊之封內盡東其畝使壟畝

東西行

也

對曰蕭同叔子非他寡君之母

也若以匹敵則亦晉君之母也吾

子布大命於諸侯而曰必質其母

子布大命於諸侯而曰必質其母

以為信其若王命何言違王命也且是

以不孝令也詩曰孝子不匱永錫

爾類詩大雅言孝心不乏者又能以孝道長錫其志類也若

以不孝令於諸侯其無乃非德類

也乎不以孝德賜同類也先王疆居良反注下皆同理天下

也乎同類也之先王疆理天下居良反注下皆同

物土之宜而布其利疆界也理正也物土之宜

播殖之物各故詩曰我疆我理南東

從土宜也

其畝詩小雅或南或東從其土宜也今吾子疆理

諸侯而曰盡東其畝而已唯吾子

戎車是利晉之伐齊循壟東行易也無顧土宜

戎車是利壟東行易也無顧土宜

其無乃非先王之命也乎反先王

則不義何以為盟主其晉實有闕

夏禹殷湯周文又武王也

闕共也四王之王也禹湯文武也樹德而

夏伯昆吾商伯大彭豕韋周伯齊桓晉文也或曰齊桓晉文宋襄秦穆楚莊

濟同欲焉樹立也洛成也五伯之霸也

昆吾商伯大彭豕韋周伯齊桓晉文勤而撫之以役

韋。周伯。齊桓。晉文。勤而撫之以役
王命。役事也。今吾子求合諸侯以逞
無疆之欲。疆竟也。如字又音境。詩曰布政優優百
祿是遒。詩頌。殷湯布政優和。故百祿來聚。遒聚也。在由反。徐子由反。子實
不優而棄百祿諸侯何害焉。言不能為諸侯害也。
不然。不見許也。寡君之命使臣則

客也不然許也寡君之命使臣則
有辭矣曰子以君師辱於敝邑不
腆敝賦以犒從者戰而曰犒為遜辭也畏君
之震師徒橈敗震動橈曲也吾子惠徼
齊國之福不泯其社稷使繼舊好
唯是先君之敝器與土地不敢愛

唯是先君之敝器與土地不敢愛

子又不許請收合餘燼燼火餘木也背

城借一欲於城下復借一戰也敝邑之幸亦

云從也況其不幸敢不唯命是聽

言完全之時尚不敢違晉命今若不幸則從命也魯衛諫

曰齊疾我矣諫郤克也其死亡者皆親

曰齊疾我矣克也其死亡者皆親
暱也子若不許讎我必甚唯子則
又何求子得其國寶謂甗磬也我亦得
地咎歸所侵也而紓於難咎服則難紓緩也其榮
多矣齊晉亦唯天所授豈必晉晉
人許之對曰羣臣帥賦輿賦輿猶兵車也

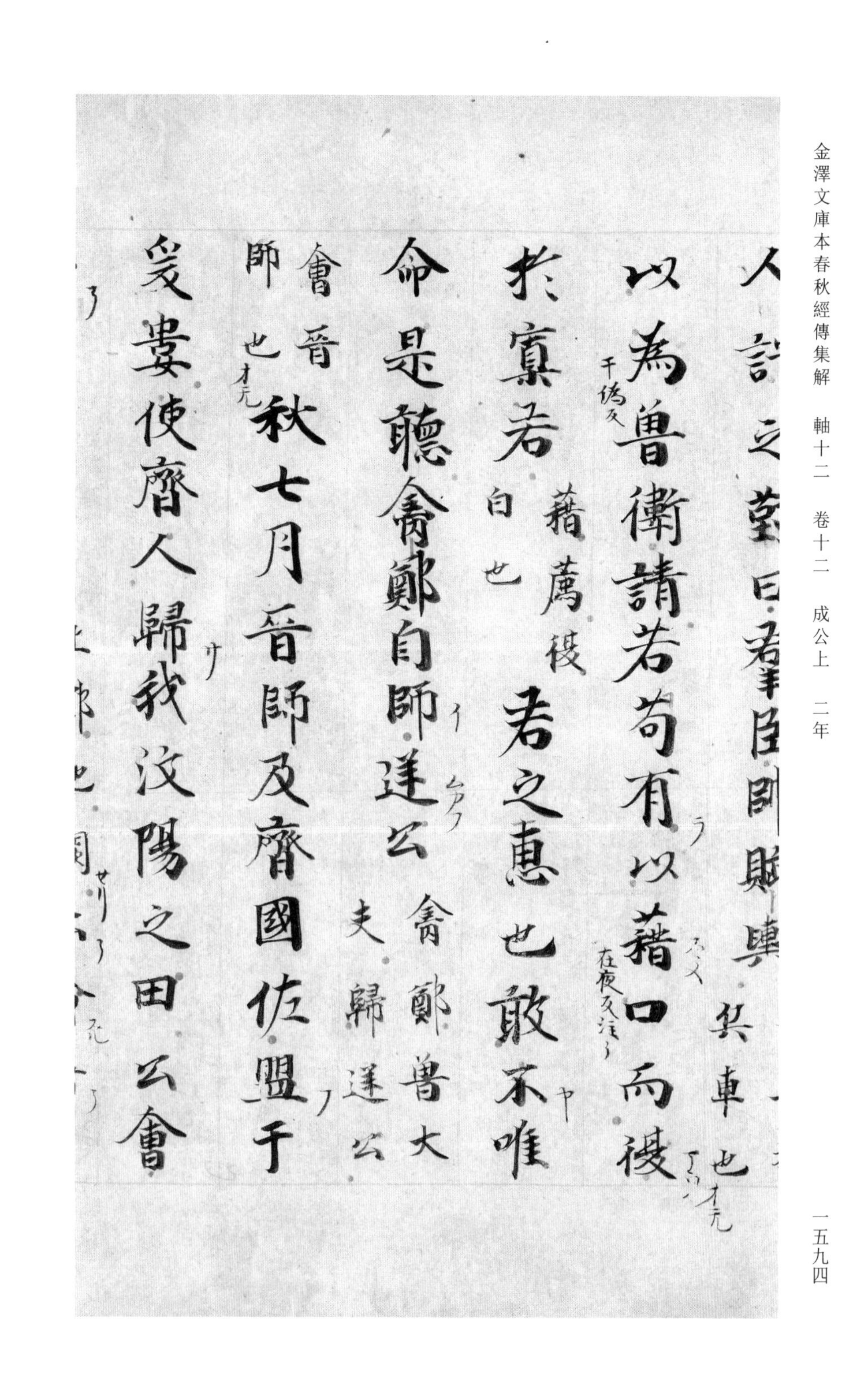

人許之對曰羣臣帥賦輿（兵車也）以為魯衛請若苟有以藉口而復於寡君（藉薦　復白也）君之惠也敢不唯命是聽禽鄭自師逆公（禽鄭魯大夫歸逆公）（會晉師也）秋七月晉師及齊國佐盟于爰婁使齊人歸我汶陽之田公會

袁婁使齊人歸我汶陽之田公會晉師于上鄍上鄍地闕公會晉師不書史闕也賜三帥先路三命之服三帥郤克士燮欒書已嘗受王先路之賜今改而易新并此車所建所服之物也司馬司空輿帥候正亞旅皆受一命之服晉司馬司空皆大夫輿帥主兵車候正主斥候亞旅亦大夫也

服車候正主斥候亞旅亞大夫也皆晉侯賜之也

八月宋文公卒始厚葬用

炭（吐旦反）

蜃（市忍反）炭益車馬始用殉

燒蛤（古荅反）為炭以瘞（於例反）壙（苦晃反）多埋車馬用人從葬也

殉（似俊反）

重器備

重猶多也

椁有四阿棺有翰（戶旦反一音韓）檜（古外反徐音會）

四阿四注椁也翰旁飾檜上飾皆王禮也

君子謂華元樂舉於是乎不臣臣治煩

謂華元樂舉於是乎不臣〻治煩

去惑者也是以伏死而爭今二子

者君生則縱其惑謂文十八年殺母弟須也死

又益其侈是棄君於惡也何臣之

為若言何用為臣也九月衛穆公卒晉三

子自役弔焉哭於大門之外師還過衛

子自役弔哭於大門之外過衛
故曰弔之未復命故不敢成礼也衛人逆之逆於門外
設喪位也婦人哭於門内喪位婦人哭於堂賓在門
外故移在門内也送亦如之遂常以葬至葬
行此礼也楚之討陳夏氏也在宣十一年也莊
王欲納夏姬申公巫臣曰不可若

王欲納夏姬申公巫臣曰不可若召諸侯以討罪也今納夏姬貪其色也貪色為淫淫為大罰周書曰明德慎罰（周書康誥也）文王所以造周也明德務崇之之謂也慎罰務去之之謂也若興諸侯以取大罰非

正玄務崇之謂務欲崇益道德務去之謂務欲去其刑罰也

務欲去其刑罰也

之謂也若興諸侯以取大罰非慎之也君其圖之王乃止子反欲取之巫臣曰是不祥人也是夭子蠻子蠻鄭靈公夏姬之兄殺死無後也殺御叔御叔夏姬之夫亦早死殺靈侯陳靈公也戮夏南夏南夏姬子徵舒也出孔儀孔寧儀行父也喪陳國楚滅陳也何

也出孔儀行父也喪陳國陳也息浪反下注同何

不祥如是人生實難其有不獲死

乎言死易得無為取夏姬以速之也以豉反天下多美婦

人何必是子反乃止王以予連尹

襄老襄老死於邲不獲其尸邲戰在宣十二年也

其子黑要烝焉一遙反之丞反黑要襄老子巫臣

弟也其子黑要烝焉老子巫臣

使道焉曰歸吾聘女道夏姬使歸鄭也又

使自鄭召之曰尸可得也襄老尸也必來

逆之姬以告王王問諸屈巫屈巫巫臣

也對曰其信知罃之父成公之嬖

也而中行伯之季弟也知罃父荀首也中行

也而中行伯之季弟也（首也中行伯荀林父也邲之戰楚人囚知罃）新佐中軍而善鄭皇戌甚愛此子（愛知罃也）其必因鄭而歸王子與襄老之尸以求之（王子楚公子穀臣也邲之戰荀首囚之也）鄭人懼於邲之役而欲求媚於晉其必許之王遣

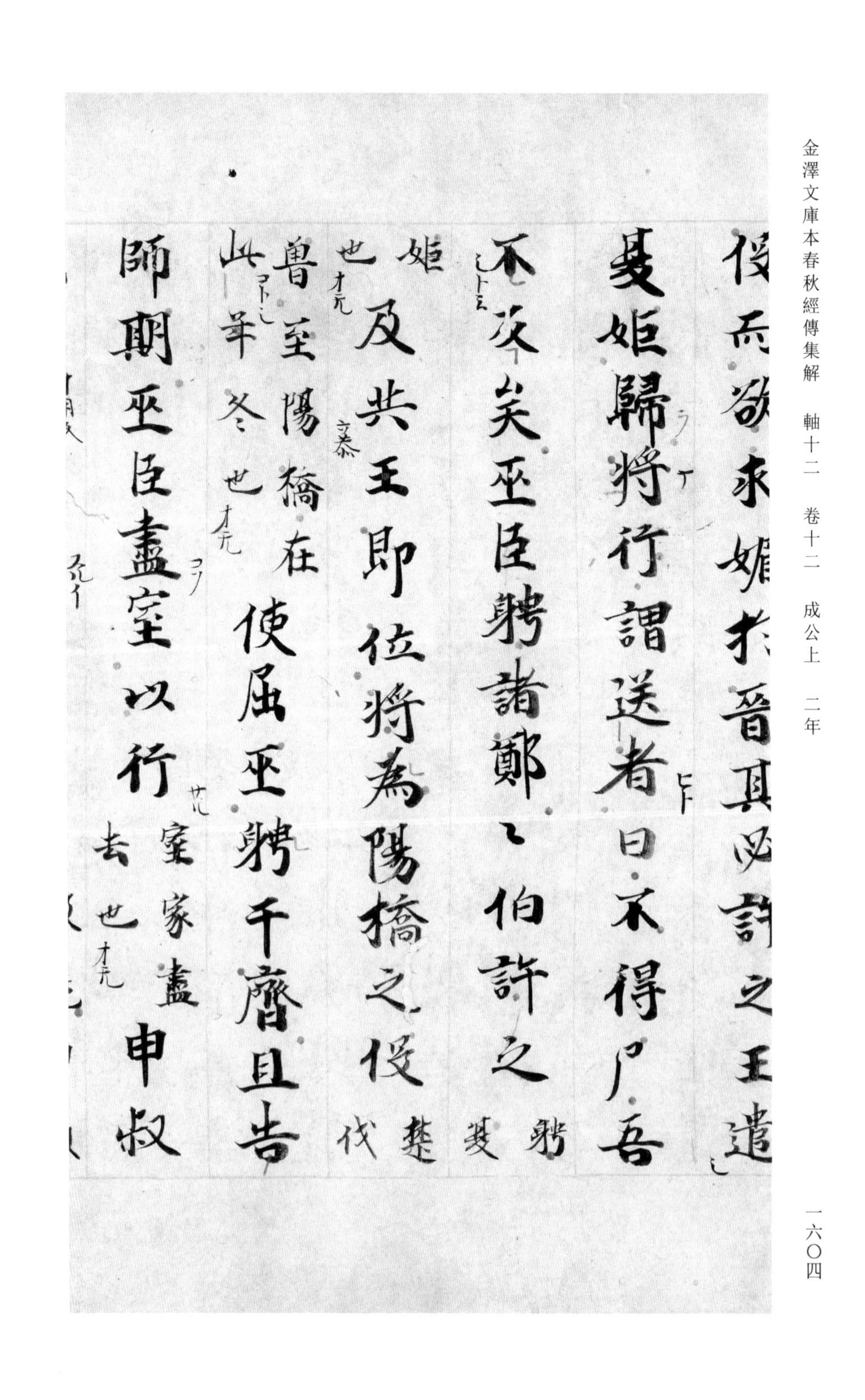

役而敬承媚於晉其必許之王遣夏姬歸將行謂送者曰不得尸吾不及矣巫臣聘諸鄭〻伯許之聘夏姬也及共王即位將爲陽橋之役楚伐魯至陽橋在此年冬也使屈巫聘于齊且告師期巫臣盡室以行室家盡去也申叔

師期巫臣盡室以行去也申叔跪從其父將適郢遇之叔跪申叔時之子也曰異哉夫子有三軍之懼而又有桑中之喜宜將竊妻以逃者也桑中衛風淫奔之詩也及鄭使介反幣而以夏姬行介副也幣聘物也將奔齊々師新敗

姬行（聘物也）將奔齊〻師新敗
曰吾不處不勝之國遂奔晉而因
郤至〻（郤克族子也）以臣於晉〻人使為
邢大夫（邢晉邑也）子反請以重幣錮之
（禁錮勿令仕也）王曰止其自為謀也則過
矣其為吾先君謀也則忠〻社稷

矣其為吾先君謀也則忠〻社稷
之固也所蓋多矣　蓋覆也　且彼若能
利國家雖重幣晉將可乎　言不許也　若
無益於晉〻將弃之何勞錮焉　為七
年楚滅巫臣族晉南通吳張本也　晉師歸范文子
後入武子曰無為吾望爾也乎　武子

後入武子曰無爲吾望爾也乎子士會文子之父也對曰師有功國人喜以逆之先入必屬耳目焉是代帥受名也故不敢武子曰吾知免矣其不益巳禍也郤伯見公曰子之力也夫對曰君之訓也二三子之力也臣

對曰君之訓也二三子之力也臣何力之有焉郤伯郤克也范叔見勞之如郤伯對曰庚所命也克之制也燮何力之有焉荀庚將上軍時不出范文子上軍佐代行故稱師以讓也欒伯見公亦如之對曰燮之詔也士用命也書何力之有

[illegible]

燮之詔也士用命也書何力之有

焉詔告也欒書下軍帥故推功上軍傳言晉將帥克讓所以能勝

齊也宣公使求好于楚莊王卒宣公

薨不克作好在宣十八年也公即位受盟

于晉元年盟赤棘也會晉伐齊衛人不行

使于楚不聘楚也而亦受盟于晉從於

使于楚楚也而亦受盟于晉從於伐齊故楚令尹子重為陽橋之役以救齊將起師子重曰君弱傳曰寡人生十年而喪先君共王即位至是三年盖年十二三矣羣臣不如先大夫師衆而後可詩曰濟々多士文王以寧詩大雅言文王以衆士安也

之多士文王以寧以衆士安也

夫文王猶用衆況吾儕乎儕等也且

先君莊王屬之曰無德以及遠方

莫如惠恤其民而善用之乃大戶閲民戶口也已責弃逋責也逮鰥寡施及老鰥也

救乏赦罪悉師王卒盡行彭名御

救之赦罪悉師王卒盡行彭名御

戎蔡景公為左許靈公為右王卒盡行

故王戎車亦行雖無楚王令二君當左右之位也

二君弱皆強冠之冬楚師侵衛遂侵我師

于蜀公會之而退故不書侵也使臧孫往臧孫宣叔

也辭曰楚遠而久固將退矣無功

紝女金反　絲徐而鴆反

師曰楚遠而久固將退矣無功
而受名臣不敢不敢虛受退楚名也才元楚侵及
陽橋陽橋魯地也才元孟孫請往賂之楚侵遂深
故孟孫請以賂往孟孫獻子也以執斵竹角反執鍼之林反織紝
執斵匠人執鍼女工織紝織繒布者也才元皆百人公衡
爲質方致公衡成公子也才元以請盟楚人許之平才元

爲質公子也以請盟楚人許之平

十一月公及楚公子嬰齊蔡侯許

男秦右大夫説宋華元陳公孫寧

衛孫良夫鄭公子去疾及齊國之

大夫盟于蜀齊大夫不書其名非卿也卿不書

匱盟也於是乎畏晉而竊與楚盟

匱之

匱盟也於是乎畏晉而竊與楚盟故曰匱盟也匱之蔡侯許男不書乘楚車也謂之失位乘楚王車為左右則失位也卿不書則稱人諸侯不書皆不見經君臣之別也君子曰位其不可不慎也乎蔡許之君一失其位不得列於諸侯況其下乎

失其位不得列於諸侯況其下乎
詩曰不解于位民之攸塈詩大雅言在上
者勤正其位則國安而民息也攸所也塈息也
其是之謂
矣楚師及宋公衡逃歸臧宣叔曰
衡父不忍數年之不宴樂也以棄
魯國〻將若之何誰居後之人必

魯國之將若之何誰居後之人必
有任是夫國弃矣居辟也言後人必有當此患也
是行也晉避楚畏其衆也君子曰
衆之不可以已也大夫為政猶以
衆克況明君而善用其衆乎大誓
所謂商兆民離周十人同者衆也
[illegible]

所謂商兆民離周十人同者衆也

大誓周書萬億曰兆民離則弱合則成衆言殷以散亡周以衆興也

晉侯使鞏朔獻齊捷于周王弗見

使單襄公辭焉曰蠻夷戎狄不式

王命式用也淫湎毀常王命伐之則

有獻捷王親受而勞之所以懲不

有肅捷王親受而勞之所以懲不
敬勸有功也兄弟甥舅侵敗王略
兄弟同姓國甥舅異姓國略經略法度也
王命伐之告
事而已不獻其功所以敬親暱
事而不獻因俘也
禁淫慝也
淫慝謂擄掠百姓取因俘
也
今叔父克遂有功于齊
克能也
而

力報反　女乙反　他得反

今叔父克遂有功于齊也而

不使命卿鎮撫王室所使來撫余

一人而鞏伯實來未有職司於王

室鞏朔上軍大夫非命卿名位不達於王室也又奸先

王之禮謂獻各捷者也余雖欲於鞏伯欲受

其獻也其敢廢舊典以忝叔父夫齊

也 才元

其敢廢舊典以忝叔父夫齊

甥舅之國也而大師之後也 齊世与周

舊說并家說

婚故曰甥舅也 才元 寧不亦淫從其欲以怒叔

子用反本亦作縱

父抑豈不可諫誨士莊伯不能對

三吏三公也 三公者天子之吏也

莊伯鞏朔也 才元 王使委於三吏 委屬也三吏三公也

礼之如侯伯克敵使大夫告慶之

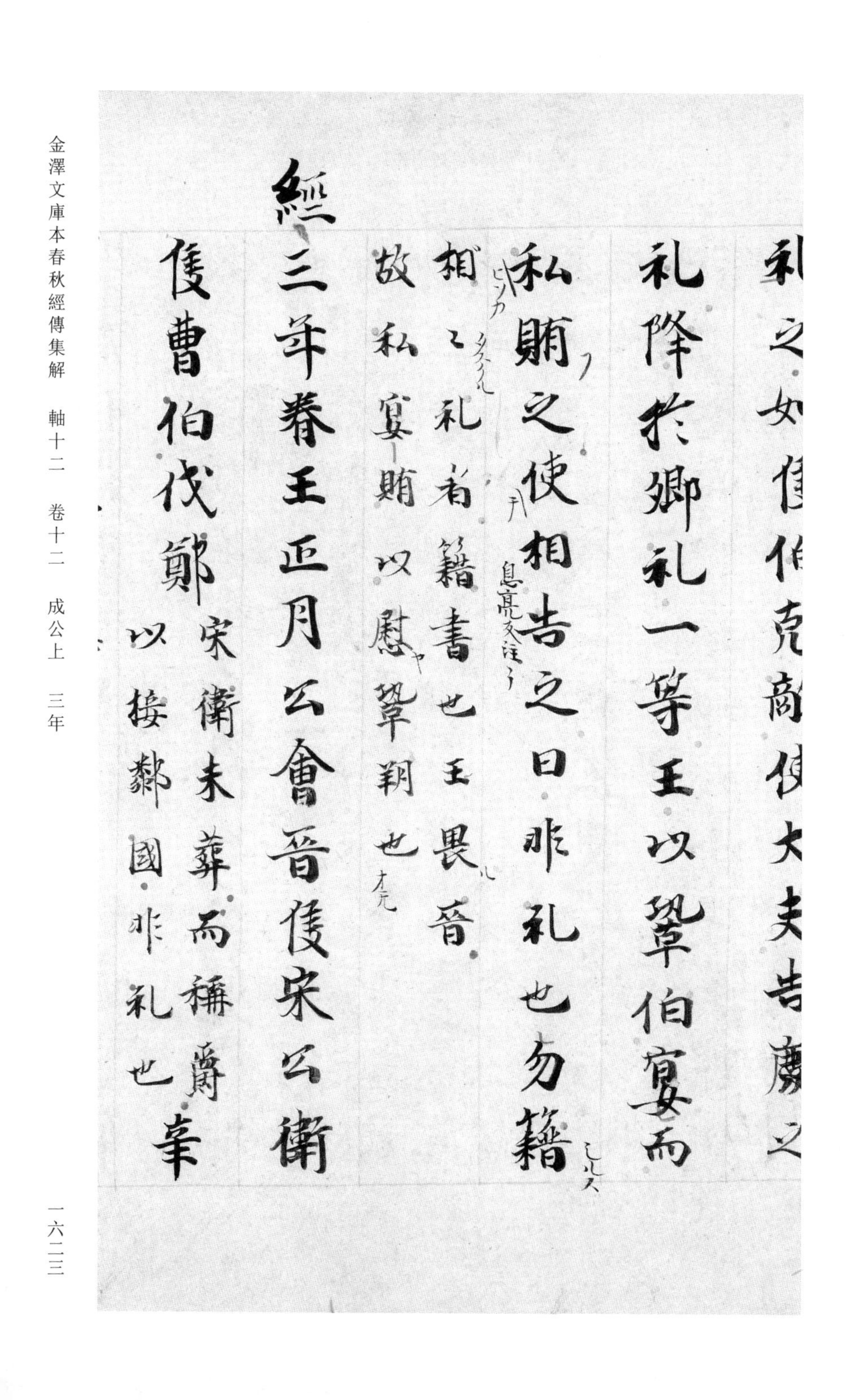

礼之如侯伯克敵使大夫告慶之
礼降於卿礼一等王以鞏伯宴而
私賄之使相告之曰非礼也勿籍
相〻礼者籍書也王畏晉
故私宴賄以慰鞏朔也
經三年春王正月公會晉侯宋公衛
侯曹伯伐鄭宋衛未葬而稱爵
以接鄰國非礼也辛

使曹伯伐鄭以接鄰國非礼也辛
亥葬衛穆公無傳二月公至自伐鄭
無傳甲子新宮災三日哭無傳三年喪畢宣公
神主新入廟故謂之新宮書三日
哭善得礼宗廟親之神靈所馮居
而遇災故哀而哭之也乙亥葬宋文公無傳七月
而葬緩也夏公如晉鄭公子去疾帥師

可讀在裏

庚 才

緩（戶管反）也 才元 夏公如晉鄭公子去疾帥師

伐許公至自晉 傳無 秋叔孫僑如帥

師圍棘 棘之汶陽田之邑也 才元 在濟北蛇丘縣也 才元 大雩 傳無

以過時書也 才元 晉郤克衛孫良夫伐廧（在良反）咎（古刀反）

如 赤狄別種（章勇反）也 才元 冬十有一月晉侯使荀

庚來聘衛侯使孫良夫來聘丙午

庚来聘衛侯使孫良夫来聘丙午及荀庚盟丁未及孫良夫盟先晉後衛尊霸主也鄭伐許無傳不書將帥告辭略也

傳

三年春諸侯伐鄭次于伯牛討邲之役也伯牛鄭地邲役在宣十二年也遂東侵鄭晉潛軍深入也鄭公子偃帥師禦之偃穆公子

深入也　鄭公子偃帥師禦之　公子
也　使東鄙覆諸鄤　覆伏兵也　敗諸丘輿
軍爲鄭所敗故不書也
鄤丘輿皆鄭地也晉偏　皇戌如楚
獻捷　夏公如晉拜汶陽之田　前年晉使
齊歸魯汶陽田也　許恃楚而不事鄭鄭子
良伐許　晉人歸楚公子穀臣與連

良伐許晉人歸楚公子穀臣與連
尹襄老之尸于楚以求知罃邲之戰楚
獲知罃也於是荀首佐中軍矣荀首知罃父
故楚人許之王送知罃曰子其怨
我乎對曰二國治戎臣不才不勝
其任以爲俘馘執事不以釁鼓以血
塗鼓爲

其任以爲俘馘事不以釁鼓血

塗鼓爲釁鼓使歸即戮君之惠也臣實

不才又誰敢怨王曰然則德我乎

對曰二國圖其社稷而求紓其民紓緩也

各懲其忿以相宥也宥赦也兩

釋纍囚以成其好纍繫也二國有好

釋纍囚以成其好呼報反下同也二國有好

臣不與及其誰敢德言二國卆王不為己也

曰子歸何以報我對曰臣不任受

怨君亦不任受德無怨無德不知

所報王曰雖然必告不穀對曰以

君之靈纍臣得歸骨於晉寡君之

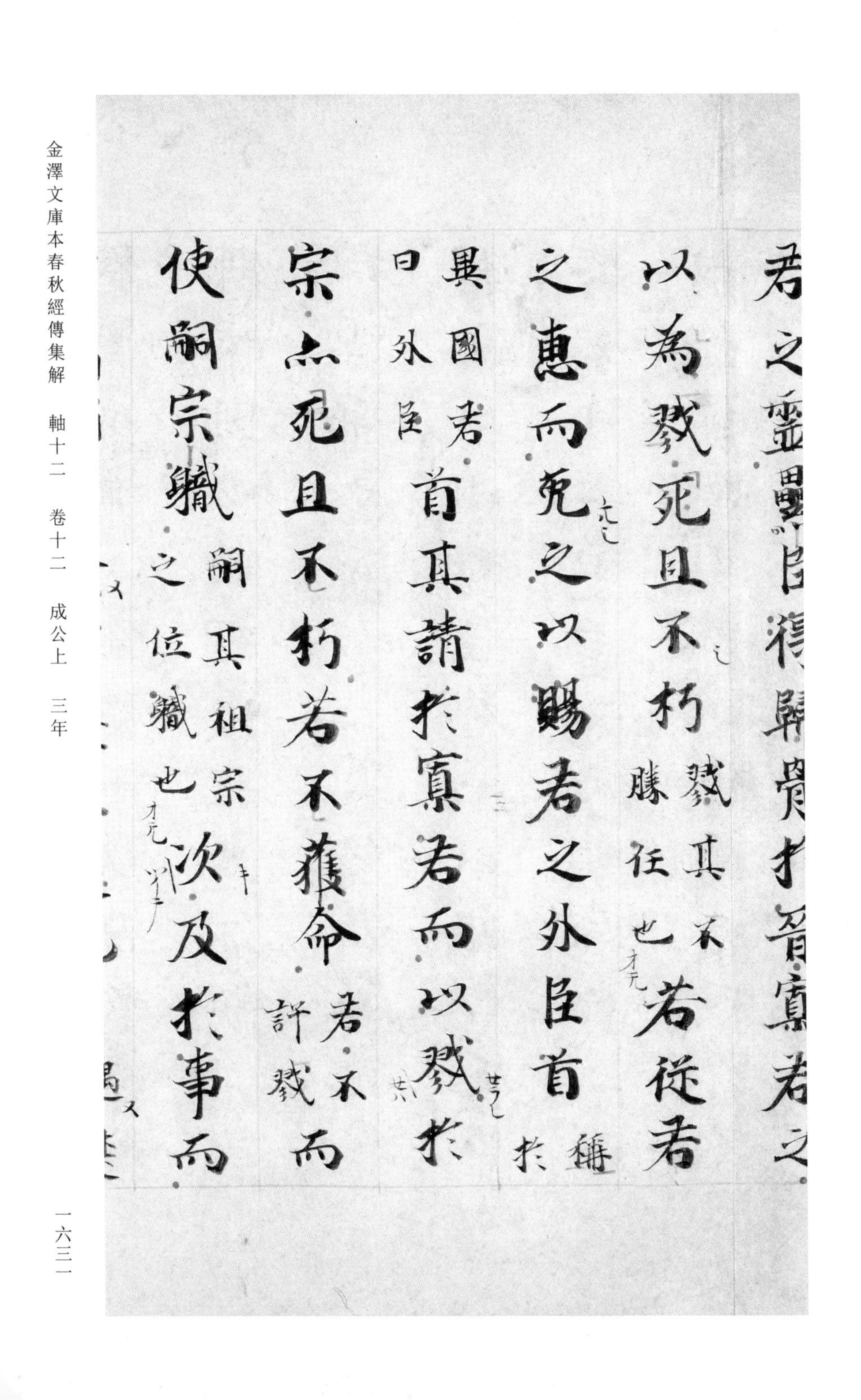

君之靈纍臣得歸骨於晉寡君之
以爲戮死且不朽　戮其不滕任也　若從君
之惠而免之以賜君之外臣首　於異國君曰外臣
首其請於寡君而以戮於
宗亦死且不朽若不獲命　君不許戮　而
使嗣宗職　嗣其祖宗之位職也　次及於事而

使嗣宗職之位職也次及於事而

帥偏師以脩封疆居良反雖遇執事遇楚將帥子亮反所類反

也其弗敢違也避其竭力致死無

有二心以盡臣禮所以報也王曰

晉未可與爭重爲之禮而歸之秋

叔孫僑如圍棘取汶陽之田棘不

叔孫僑如圍棘取汶陽之田棘不服故圍之僑如叔孫得臣之子也晉郤克衛孫良夫伐廧咎如討赤狄之餘焉宣十五年晉滅赤狄潞氏其餘民散入廧咎如故討之也廧咎如潰上失民也此傳釋經之文而經無廧咎如潰蓋經闕此四字也冬十一月晉侯使荀庚來

路

四字也

冬十一月晉侯使荀庚來聘且尋盟尋元年赤棘盟荀庚林父之子衛侯使孫良夫來聘且尋盟尋宣七年盟也公問諸臧宣叔曰中行伯之於晉也其位在三下卿也孫子之於衛也位為上卿將誰先對曰次國之上卿當

上卿將誰先對曰次國之上卿當大國之中中當其下下當其上大夫降一等也小國之上卿當大國之下卿中當其上大夫下當其下大夫降大國二等也上下如是古之制也古制公為大國侯伯為次國子男為小國衛在晉不得為次

國子男爲小國衛在晉不得爲次
國春秋時以強弱爲大小故衛雖侯爵猶爲小國晉爲盟
主其將先之計等則二人位敵以盟主故先晉也丙
午盟于晉丁未盟于衛禮也十二
月甲戌晉作六軍爲六軍僭王也萬二千五百人
爲軍韓厥趙括鞏朔韓穿荀騅趙旃

軍韓厥趙括鞏朔韓穿荀騅趙旃
皆為卿賞𡩋之功也韓厥為新中軍趙括佐之
鞏朔為新上軍韓穿佐之荀騅為
新下軍趙旃佐之晉舊自有三軍
今增此故為六軍也齊侯朝于晉將授玉行朝
禮也郤克趨進曰此行也君為婦人
之笑辱也寡君未之敢任言齊侯之來以

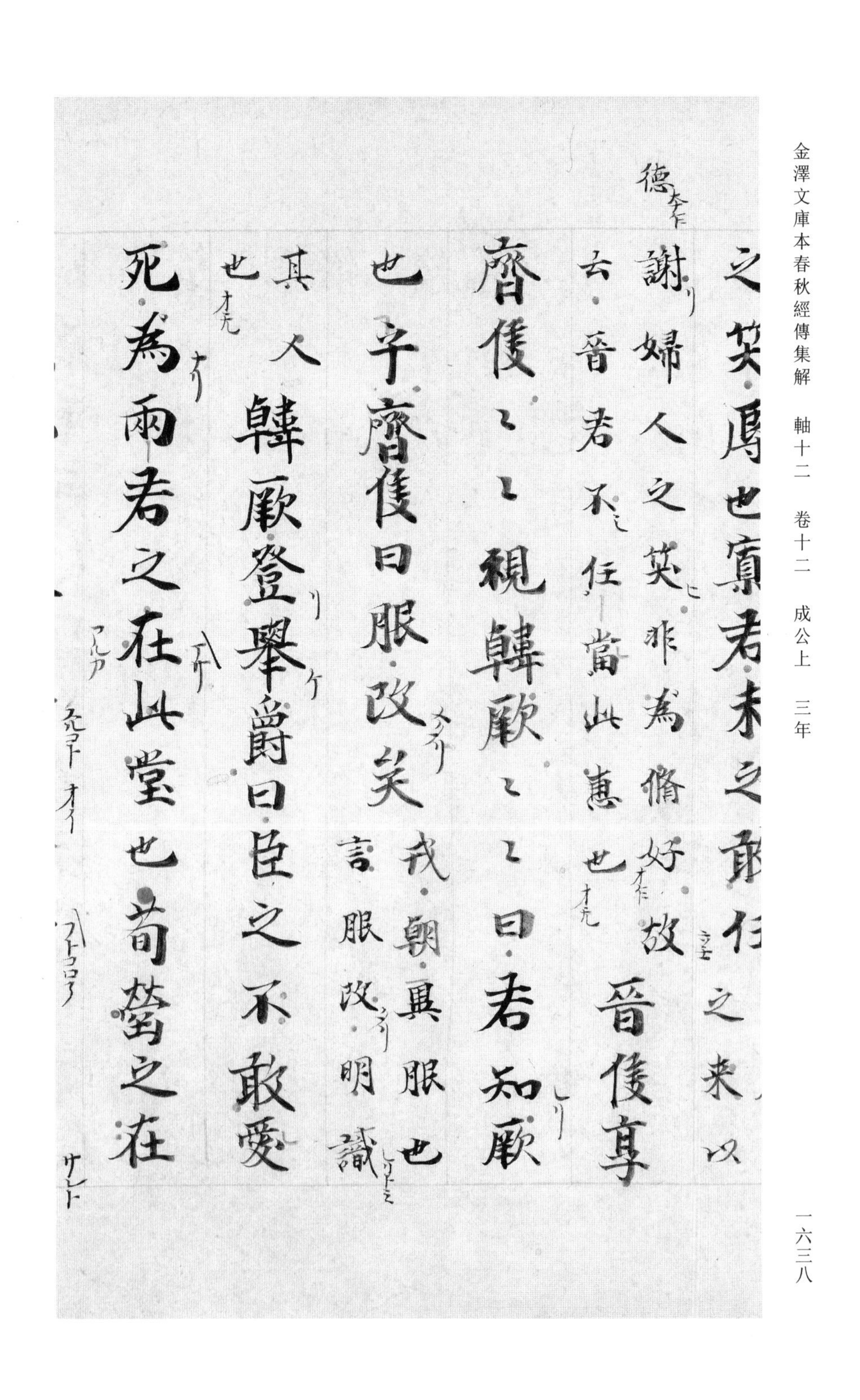

之笑辱也寡君未之敢任之来以謝婦人之笑非爲脩好故云晉君不任當此惠也晉侯享齊侯〻〻視韓厥〻〻曰君知厥也子齊侯曰服改矣戎朝異服也言服改明識其人也韓厥登舉爵曰臣之不敢愛死爲兩君之在此堂也苟齊之在

死爲兩君之在山堂也荀罃之在楚也鄭賈人有將寘諸褚中以出既謀之未行而楚人歸之賈人如晉荀罃善視之如實出已賈人曰吾無其功敢有其實乎吾小人不可以厚誣君子遂適齊傳言知罃之賢也

可以厚訟君子道適庸之賢也

經四年春宋公使華元來聘三月壬

申鄭伯堅卒無傳二年大夫盟于蜀也壬申二月二十

八日杞伯來朝夏四月甲寅臧孫

許卒無傳公如晉葬鄭襄公無傳秋公

至自晉冬城鄆無傳公欲叛晉故城而爲備也鄭

至自晉 冬城鄆 故城而為偪也 鄭伯伐許

傳

四年春宋華元来聘通嗣君也 宋共公即位也 杞伯来朝歸叔姫故也 将出叔姫先脩礼朝魯言其故 夏公如晉晉侯見公不敬季文子曰晉侯必不免 言将不能壽終

敬季文子曰晉侯必不免能壽終
也禨十年陷厠而死也詩曰敬〻之〻天惟
顯思命不易哉詩頌言天道顯明受其命甚難不可
不敬以奉之也夫晉侯之命在諸侯矣可
不敬乎敬諸侯則得天命也秋公至自晉欲
求成于楚而叛晉季文子曰不可

求成于楚而叛晉季文子曰不可
晉雖無道未可叛也國大臣睦而
邇於我邇近也諸侯聽焉未可以貳
聽服也史佚之志有之周文王大史也曰非
我族類其心必異楚雖大非吾族
也與魯異姓也其肯字我乎公乃止字愛

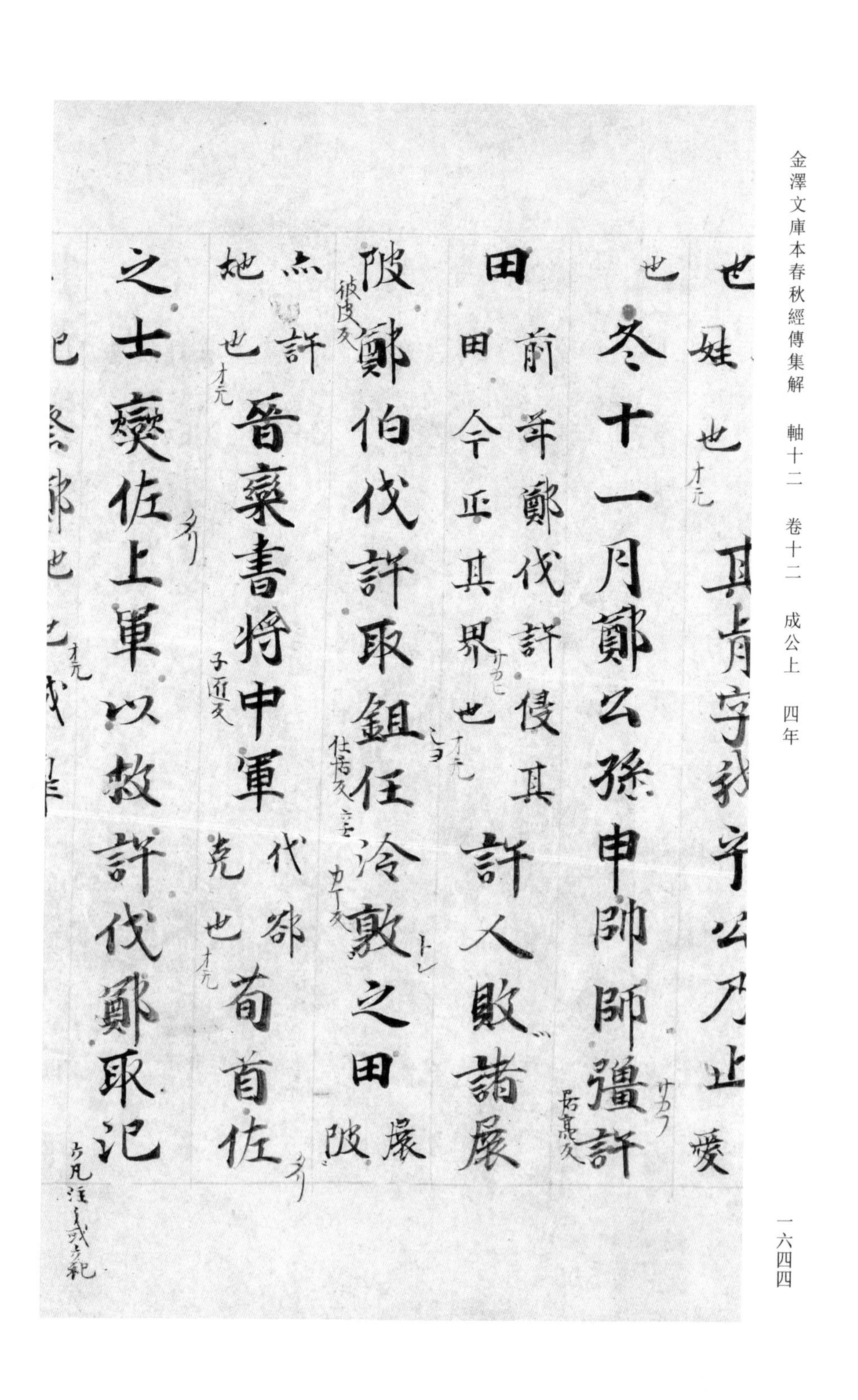

也姓也其肯字我亓公乃止

也冬十一月鄭公孫申帥師彊許

田前年鄭伐許侵其許人敗諸展

田今正其界也

陂鄭伯伐許取鉏任泠敦之田展陂

亦許地也晉欒書將中軍代郤克也荀首佐

之士燮佐上軍以救許伐鄭取汜

祭鄭地也

之士燮佐上軍以救許伐鄭取汜

祭 汜祭鄭地也成皋縣東有汜水也 楚子反救鄭

〻伯與許男訟焉 於子反争曲直也 皇戌

攝鄭伯之辭 代之對也 子反不能決也

曰君若辱在寡君〻〻與其二三

臣共聽兩君之所欲成其可知也

[illegible]

臣共聽兩君之所欲成其可知也欲使自屈在楚子前決之也不然側不足以知二國之成側子反名爲明年許靈愬鄭於楚張本晉趙嬰通于趙莊姬趙嬰趙盾弟莊姬趙朔妻朔盾之子

四年傳云杞伯來朝歸叔姬故也

經

五年春王正月杞叔姬來歸出也傳在前年也仲孫蔑如宋夏叔孫僑如會

也
仲孫蔑如宋夏叔孫僑如會
晉荀首于穀齊地也梁山崩記異也梁山在
馮翊夏陽縣北秋大水無傳冬十有一月己
酉天王崩十有二月己丑公會晉
侯齊侯宋公衛侯鄭伯曹伯邾子
杞伯同盟于蟲牢蟲牢鄭地也陳留封丘縣北有桐牢

杞伯同盟于蟲牢丘縣北有桐牢

傳五年春原屏放諸齊放趙嬰也原同屏季嬰之兄也

趙嬰曰我在故欒氏不作我亡

吾二昆其憂哉且人各有能有不

能言已雖滛而能令莊姬護趙氏也舍我何害弗

聽嬰夢天使謂己祭余余福女使

趙嬰夢天使謂己祭余〻福女使
問士貞〻伯〻曰不識也既而告
其人自告貞伯從人也曰神福仁而禍淫
〻而無罰福也祭其得亡乎以得放遣
為福也祭之〻明日而亡為八年晉殺趙同趙
括傳也孟獻子如宋報華元也前年宋華
元來

也
孟獻子如宋報華元也宋華
元來聘也
夏晉荀首如齊逆女故宣伯
餫諸穀野饋曰餫運糧饋之敬大國也梁山崩晉
侯以傳召伯宗傳驛
伯宗辟重曰辟
傳重載之車重人曰待我不如捷之速
也捷邪出也問其所曰絳人也問絳事

也出也 才元 問其所曰絳 古巷反 人也問絳事焉曰梁山崩將召伯宗謀之問將若之何曰山有朽壤 如丈反 而崩可若何國主山川 主謂所祭也 才元 故山崩川竭君為 千偽反 之不舉 去 起呂反 盛饌 仕戀反 也 才元 降服 損盛服也 才元 乘縵 武旦反又莫半反 車無文也 才元 徹樂 息八音也 才元 出次 舍於郊也 才元 祝幣 陳玉帛也 才元

也才元 徹樂音也才元 出次郊也才元 祝幣帛也才元

史辭自罪責也以禮焉禮山川也才元其如此而已

雖伯宗其若之何伯宗請見之見賢遍反注同之

於晉者也才元不可不肯見也才元遂以告而從之從重

人言也才元許靈公愬鄭伯于楚前北伐許鄭伐許故

也才元六月鄭悼公如楚訟不勝楚人

也

六月鄭悼公如楚訟不勝楚人執皇戌及子國以鄭伯不直故也子國鄭穆公子也故鄭伯歸使公子偃請成于晉秋八月鄭伯及晉趙同盟于垂棘垂棘晉地也宋公子圍龜為質于楚而歸圍龜文公子華元享之請鼓譟以出鼓譟

子

華元享之請鼓譟以出鼓譟以復入（出入輒擊鼓也）曰習攻華氏宋公殺之（蓋宣十五年宋楚平後華元使圍龜代己為質故惡而欲攻華氏也）

冬同盟于蟲牢鄭服也諸侯謀復會宋公使向為人辭以子靈之難（子靈圍龜也宋公不欲會以新誅子靈為辭為明年侵宋）

之難已上兩字一本无乃旦反新誅子靈爲辟爲明年侵宋

也才元 傳冬十一月己酉定王崩才元 經在盟上已上兩字一本无

傳在下月倒丁老反錯衆家傳

在裏 悉無此八字或衍文也才元

經六年春王正月公至自會無傳二月

辛巳立武宮無患故築武軍又作

魯人自寧之功至今

鄟徐專反又市囿反 先君武公宮以告

事欲以示後世也才元 取鄟附庸國也 衛孫

專又市竇反

事欲以示後世也取鄟國也衛孫

良夫帥師侵宋夏六月邾子来朝

無傳公孫嬰齊如晉嬰齊叔肸子也壬申鄭

伯費卒前年同盟蟲牢秋仲孫蔑叔孫僑

如帥師侵宋楚公子嬰齊帥師伐

鄭冬季孫行父如晉晉欒書帥師

鄭冬季孫行父如晉〻欒書帥師

救鄭

傳六年春鄭伯如晉拜成謝前年子再盟也

子游相子游公子偃也息亮反下齊舉〻授玉于東楹之東禮授玉兩楹之間鄭伯行疾故東過也

士貞伯曰鄭伯

其死乎自棄也已視流而行速不

其死乎自棄也已視流而行速不安其位宜不能久視流不端諦也

二月

季文子以鞌之功立武宮非禮也宣十二年潘黨勸楚子立武軍楚子荅以武有七德非己所堪其為先君宮告成事而已今魯倚晉之功又非霸主而立武宮故譏之也

聽於人以救其難不可以立武

聽於人以救其難不可以立武

〻由己非由人也言請人救難勝非己功也

鄭言易也三月晉伯宗夏陽説衛

孫良夫寗相鄭人伊雒之戎陸渾

蠻氏侵宋夏陽説晉大夫蠻氏戎別種也河南新城縣東

南有蠻城經唯書違

孫良夫獨衛告也以其違會也會

孫良夫獨衛吉也以其辭會也會

在前師于鍼衛人不保不守說欲

并也　其廉反一音針　備也

襲衛曰雖不可入多俘而歸有罪

不及死伯宗曰不可衛唯信晉故

師在其郊而不設備若襲之是棄

信也雖多衛俘而晉無信何以求

猗 於宜反

信也雖多衛俘而晉無信何以求諸侯乃止師還衛人登陴聞說故晉人謀去故絳晉後命新田為絳故謂此故絳諸大夫皆曰必居郇瑕氏之地郇瑕古國名河東解縣西北有郇城沃饒而近盬ゝ鹽也猗氏縣鹽池是國利君樂不可共也韓獻子將

子匠反下注將ゝ

國利君與不可共也韓獻子將
新中軍且為僕大夫兼大僕也公揖而
入獻子從公立於寢庭路寢之庭謂獻
子曰何如問諸大夫言是非也對曰不可郇
瑕氏土薄水淺土薄地下也其惡易覯
惡疾疢覯成也易覯則民愁々々則墊隘

媿（玉居位反）

覯成也　易覯則民愁〻則墊隘（丁念反　於賣反）

墊隘羸（劣偽反）困也　於是乎有沈溺（乃歷反）重膇（治偽反一音直媿反）之疾

沈溺溼疾重膇足腫（章勇反一音常勇反）也　不如新田　今平陽絳邑縣是也

土厚水深居之不疾　高燥故也　有汾（扶云反）澮（古外反水名）以流其惡　汾水出大原經絳北西南入河澮水出平陽絳縣南西入汾　惡垢（古口反）穢也

且民從教　無災患也　十世

惡垢穢也且民從教患也十世
之利也夫山澤林鹽國之寶也國
饒則民驕佚財易致則民驕役近寶公室
乃貧不可謂樂近寶則民不發本也公説從
之夏四月丁丑晉遷于新田爲季孫如
晉傳也六月鄭悼公卒終士貞伯之言也子

也オ元

六月鄭悼公卒之言也オ元

子叔聲伯如晉命伐宋晉人命聲伯也オ元秋孟獻子叔孫宣伯侵宋晉命也楚子重伐鄭鄭從晉故也前年從晉盟冬季文子如晉賀遷也晉欒書救鄭與楚師遇於繞角繞角鄭地楚師還晉師

楚師遇於繞角　鄭地　楚師還晉師
遂侵蔡楚公子申公子成以申息之
師救蔡　申息楚二縣也　禦諸桑隧　汝南朗陵縣東
有桑里在上蔡西南也　趙同趙括欲戰請於武
〻子〻將許之　武子欒書也　知莊子　荀首
中軍佐也　范文子　士燮上軍佐也　韓獻子　韓厥新中

佐也范文子軍佐也韓獻子新中
軍將
也
諫曰不可吾來救鄭楚師去
我吾遂至於此蔡
地也
是遷戮也戮而不
已又怒楚師戰必不克遷戮不義
怒敵難當
故不
克也
雖克不令成師以出而敗楚
之二縣何榮之有焉六軍悉出故
曰成師以大
勝小不足

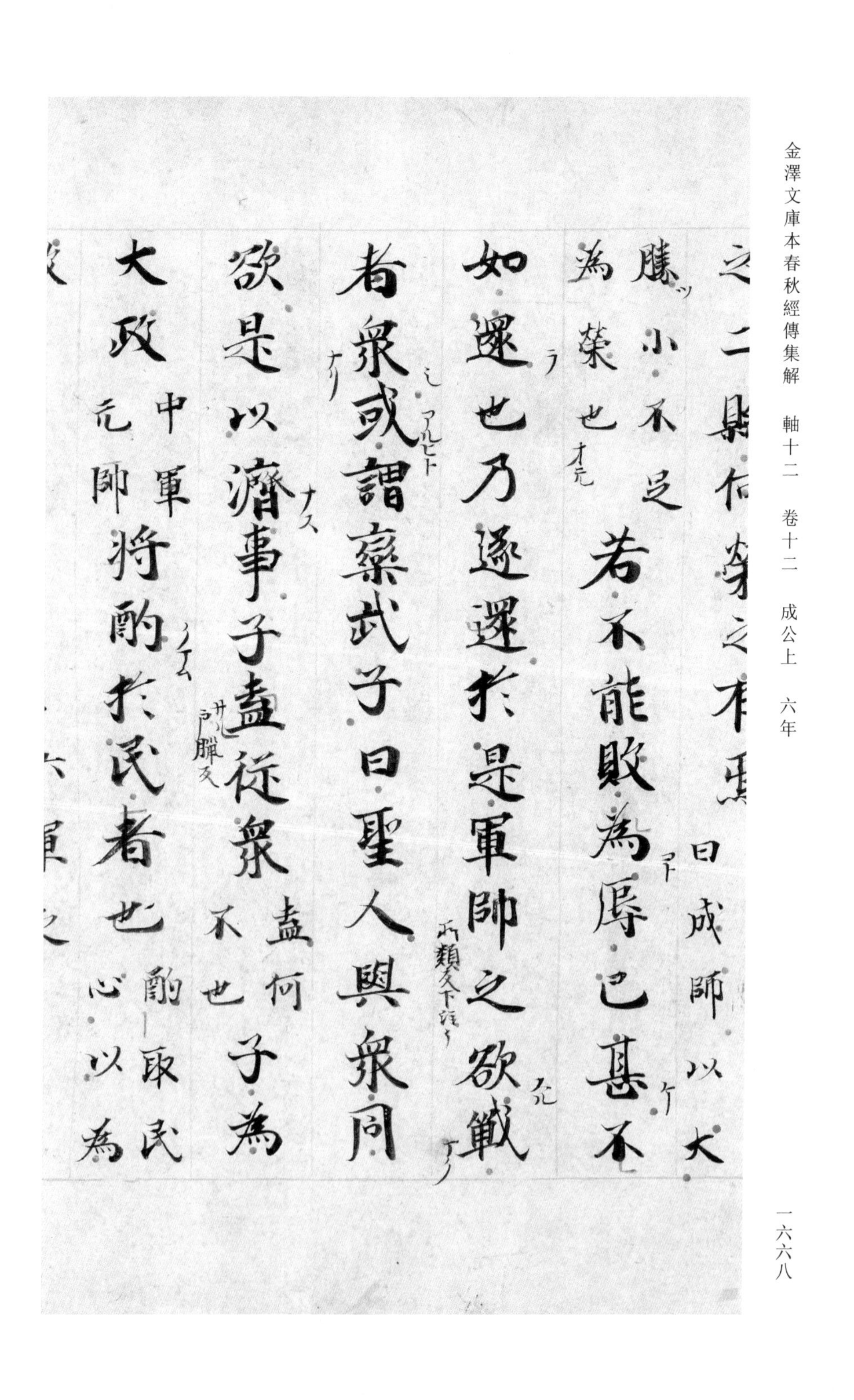

之二縣何榮之有焉曰成師以大勝小不足為榮也若不能敗為辱已甚不如還也乃遂還於是軍帥之欲戰者衆或謂欒武子曰聖人與衆同欲是以濟事子盍從衆盍何不也子為大政中軍元帥將酌於民者也酌取民心以為

大政元帥將酌於民者也心以為政子之佐十一人六軍之卿佐也其不欲戰者三人而已知范韓也欲戰者可謂衆矣商書曰三人占從二人衆故也商書洪範武子曰善鈞從衆鈞等也夫善衆之主也三卿為主也可謂衆

三卿皆晉

善衆之主也三卿為主也可謂衆矣三卿皆晋之賢人也從之不亦可乎傳善欒書得從衆之義且為八年晋侵蔡傳也

經七年春王正月鼷鼠食郊牛角改卜牛鼷鼠又食其角乃免牛無傳稱牛未卜日免放也免牛可也不郊非礼也吳伐郯夏五

可也不郊非礼也吴伐郯五

月曹伯来朝不郊猶三望無傳書不郊閒

有事三望亦非礼秋楚公子嬰齊帥師伐鄭

公會晉侯齊侯宋公衛侯曹伯莒

子邾子杞伯救鄭八月戊辰同盟

于馬陵馬陵衛地陽平元城縣東南有地名馬陵也公

東南有地名馬陵也公

至自會傳無吳入州来州来楚邑淮南下蔡縣是也

冬大雩無傳書過衛孫林父出奔晉

傳七年春吳伐郯〻成季文子曰中

國不振旅蠻夷入伐而莫之或恤

振整也旅衆也無弔者也夫言中國不能相愍恤故夷

旅衆也無弔者也夫相恐恤故夷狄内侵也詩曰不弔昊天乱靡有定其此之謂乎詩小雅刺在上者不能弔愍下民故綈天告乱也有上不弔其誰不受乱上謂霸主也吾亡無日矣君子曰知懼如是斯不亡矣鄭子良相成公以如晉見

謝前年晉伐鄭之

不臣矣鄭子良相成公以如晉見
且拜師謝前年晉救鄭之師爲楚伐鄭張本冬曹宣
公來朝秋楚子重伐鄭師于氾鄭之地在襄城縣南諸侯救鄭鄭共仲侯羽軍
楚師二子鄭大夫也因鄭公鍾儀獻諸晉
八月同盟于馬陵尋蟲牢之盟且
蟲牢盟在五年

八月同盟于馬陵尋蟲牢之盟且莒服故也蟲牢盟在五年莒本屬齊之服故莒從之也晉人以鍾儀歸因諸軍府軍藏府也為九年晉侯見鍾儀張本楚圍宋之役在宣十四年也師還子重請取於申呂以為賞田王許之分申呂之田以自賞也申公巫臣曰不

許之以自賞也 申公巫臣曰不
可此申呂所以邑也是以爲賦以
御北方若取之是無申呂也 言申呂賴
此田成邑耳不得此田則
無以出兵賦而二邑壞也 晉鄭必
至于漢王乃止子重是以怨巫臣
子反欲取夏姫巫臣止之遂取以

子反欲取夏姬巫臣止之遂取以
行子反亦怨之及共王即位楚共王以
魯成公元年即位也子重子反殺巫臣之族
子閻子蕩及清尹弗忌皆巫臣之族也及
襄老之子黑要以夏姬故幷怨黑要也而分
其室子重取子閻之室使沈尹與

其室子重取子閻之室使沈尹與
王子罷分子蕩之室子反取黑要
與清尹之室巫臣自晉遺二子書
子重子反曰爾以讒慝貪惏事君而多
殺不辜余必使爾罷於奔命以死
巫臣請使於吳晉侯許之吳子壽

巫臣請使於吳晉侯許之吳子壽
夢說之乃通吳于晉壽夢季札父也以兩
之一卒適吳舍偏兩之一焉司馬法百
人為卒二十五人為兩車九乘為
小偏十五乘為大偏蓋留九乘車
及一兩二十五
人令吳習之也與其射御教吳乘
車教之戰陳教之叛楚前是吳常屬楚寘

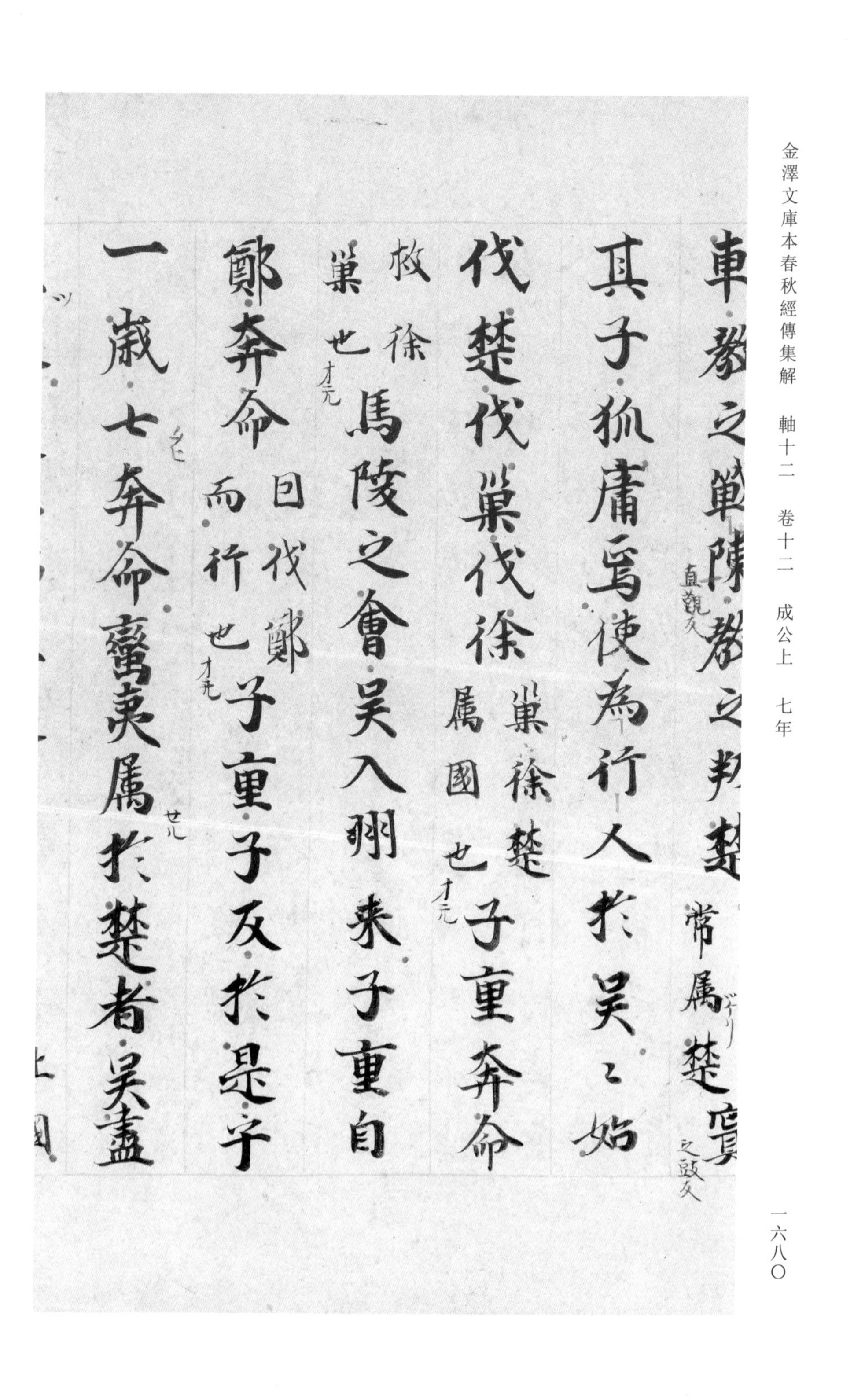

車敎之戰陳敎之叛楚常屬楚寘其子狐庸焉使爲行人於吳〻始伐楚伐巢伐徐巢徐楚屬國也子重奔命救徐巢也馬陵之會吳入州來子重自鄭奔命自伐鄭而行也子重子反於是乎一歲七奔命蠻夷屬於楚者吳盡

一歳七奔命蠻夷屬於楚者吳盡取之是以始大通吳於上國上國諸夏也

衛定公惡孫林父冬孫林父出奔晉林父孫良夫之子也衛侯如晉晉反戚焉戚林父邑林父出奔戚隨屬晉也

經八年春晉侯使韓穿來言汶陽之

經八年春晉侯使韓穿來言汶陽之田歸之于齊、服事晉故晉来語魯使還二年所取田也

晉欒書帥師侵蔡公孫嬰齊如莒宋公使華元来聘宋公使公孫壽来納幣婚聘不使卿今華元將命故特書之宋公無主婚者自命之故稱使也公孫壽蕩意諸之父也晉殺其

也公孫壽蕩意諸之父也晉殺其大夫趙同趙括傳曰原屏咎之徒也明本不以德義自居宜其見討故從告辭而稱名也秋七月天子使召伯來賜公命諸侯即位天子賜以命圭與之合瑞八年乃來緩也天子天王王者之通稱也冬十月癸卯杞叔姬卒前五年來歸者女既適人雖見出弃猶以成人

杞叔姬卒人雖見出弃猶以成人
之礼書之終爲杞伯
所葬故稱杞叔姬也晉侯使士爕
來聘叔孫僑如會晉士爕齊人邾
人伐郯先謀而稱會盟主之衛人
命不同之於列國也
來媵古者諸侯娶適夫人及左右
媵各有姪娣皆同姓之國
三人凡九女所以廣繼嗣也魯
將嫁伯姬於宋故衛來媵之

媵以證反又繩證反

將嫁伯姬於宋故衛來媵之

傳八年春晉侯使韓穿來言汶陽之田歸之于齊季文子餞之餞送行飲酒也

私焉私與之言曰大國制義以爲盟主

是以諸侯懷德畏討無有貳心謂汶陽之田敝邑之舊也而用師於

餞　錢淺反送行飲酒　說文云送去食也

字林子而反　毛詩箋云祖而舍軷飲酒於其側曰ー

汶陽之田敝邑之舊也而用師於齊使歸諸敝邑（用師鞌之戰）今有二命曰歸諸齊信以行義〻以成命小國所望而懷也信不可知義無所立四方諸侯其誰不解體（言不復肅敬於晉也）詩曰女也不爽士貳其行士也

夏宋公使公孫壽

伯女□送也者曰聘而逆也宋華

元来聘々共姫也穆姜之女成公姊妹為宋共公

夫人聘不應使卿故傳發其事而已夏宋公孫壽来

納幣礼也納幣應使卿也晉趙莊姫為趙

嬰之亡故譖之于晉侯趙嬰亡在五年曰

原屏将為乱欒郤為徵欒代郤氏亦徵其為

原屛將爲乱欒郤爲徵亦徵其爲

乱也六月晉討趙同趙括趙武從姬

氏畜于公宮趙武莊姬之子莊姬晉成公女畜養也

以其田與祁（巨之反字林上尸反）奚韓厥言於晉侯曰

成季之勳宣孟之忠成季趙衰（初危反）宣孟趙盾（徒本反）而

無後爲善者其懼矣三代之令王

誥

無後爲善者其懼矣三代之令王
皆數[所主反]百年保天之祿夫豈無辟[匹亦反注及下ゝ]王
賴前哲[陟列反]以免也　言三代亦有邪[似嗟反]辟之君但賴其先人以免禍耳
周書曰不敢侮[亡甫反]鰥[古頑反]寡所以明
德也　周書康誥言文王不侮鰥寡而德益明欲晉侯之法文王也
乃立武而反其田焉秋召桓公

乃立武而反其田焉秋召桓公

來賜公命　召桓公周卿士　晉侯使申公巫

臣如吳假道于莒與渠丘公立於

池上　渠丘公莒子朱也池城池也渠丘邑名也莒縣有蘧里之

曰城已惡　如字ㄒ已猶太也本或作城已惡矣　莒子曰辟陋在夷其孰

以我為虞　度也　對曰夫狡焉　狡猾之人

唯　六維本或作雖後人改也

民人

閑　補討反又補結反一本戶且反

以我為虞也

莒曰夫狡焉之人

也思啓封疆以利社稷者何國蔑

有唯然故多大國矣唯或思或縱

也世有思開封疆者有縱其暴掠者莒民當唯此為命勇夫

重閉況國乎為明年莒潰傳冬杞叔姬卒

來歸自杞故書恐其見出來歸故書卒也若更適大

來歸自杞故書書卒也若更適大夫則不復書卒

晉士燮來聘言伐郯也以其事吳故七年郯與吳成公賂之請緩師

文子不可文子士燮曰君命無貳失信

不立禮無加貨事無二成公私不兩成

君後諸侯是寡君不得事君也欲與

君後諸侯是寡君不得事君也與

魯絶燮將復之季孫懼使宣伯帥

也

師會伐郯衛人來媵共姬礼也凡

諸侯嫁女同姓媵之異姓則否

同姓者參骨肉至

親所以息陰訟也

經九年春王正月杞伯來逆叔姬之

經九年春王正月杞伯來逆叔姬之喪以歸公會晉侯齊侯宋公衛侯鄭伯曹伯莒子杞伯同盟于蒲蒲衛地在長垣縣西南公至自會無傳二月伯姬歸于宋宋不使卿逆非禮夏季孫行父如宋致女女嫁三月又使大夫隨加聘問謂之致女所以致成

十五年傳云凡君不道於其民諸侯討而執之則曰某人執某侯不然則否

宋致女聘問謂之致女所以致成婦礼篤昏姻之好呼報反也晉人来媵媵伯姬也秋七月丙子齊侯無野卒無傳五同盟丙子六月一日書七月從赴晉人執鄭伯鄭伯既受盟於蒲又受楚賂會於鄧故晉執之稱人者晉以無道於民告諸侯例在十五年也晉欒書帥師伐鄭冬十有一月葬

而執之則曰某人執某侯不然則否

晉欒書帥師伐鄭冬十有一月葬

齊頃公無傳楚公子嬰齊帥師伐莒

庚申莒潰民逃其上曰潰也楚人入鄆莒

別邑也楚偏師入鄆故稱人也秦人白狄伐晉鄭

人圍許城中城魯邑也在東海厚丘縣西南以閏月

城在十一月之後十二月之前故傳曰書時也

月之前故傳曰書時也

傳九年春杞桓公来逆叔姬之喪請之也（叔姬已絶於杞魯復強請杞使逆取葬）杞叔姬卒為杞故也（逆為杞婦故卒稱杞）逆叔姬為我也（叔姬既弃而復逆其喪明為魯故也）為歸汶陽之田故諸侯貳於晉（歸田在前年）晉人

本或作為我也我也為衍字

逆叔姬絶句

注叔姬一字

之田故諸侯貳於晉前年晉人

懼會於蒲以尋馬陵之盟也馬陵盟在

七年季文子謂范文子曰德則不競

尋盟何為競強也范文子曰勤以撫

之寬以待之堅彊以御之魚呂反明神以

要之一遙反柔服而伐貳德之次也是行

要之柔服而伐貳德之次也是行

也將始會吳〻人不至為十五年會鍾離傳也

二月伯姬歸于宋為致女復命起楚人

以重賂求鄭〻伯會楚公子成于

鄧為晉人執鄭伯傳

夏季文子如宋致女

復命公享之賦韓奕之五章韓奕詩大

復命公享之賦韓奕之五章詩大雅篇名其五章言蹶（九衛反）父嫁女於韓侯為（于偽反）女相（息亮反）所居莫如韓樂（音洛下同）文子喻魯侯有蹶父之德宋公如韓侯宋土如韓樂之也穆姜出于房再拜曰大夫勤辱不忘先君以及嗣君施（以豉反）及未亡人穆姜伯姬母聞文子言宋樂喜而出謝其行勞婦人夫死自稱未亡人也先君猶

婦人夫死自稱未亡人也先君猶有望也言先君亦望文子之若此敢拜大夫之重勤又賦綠衣之卒章而入綠衣詩邶風也取其我思古人實獲我心喩文子言得己意也晉人來媵禮也同姓故秋鄭伯如晉晉人討其貳於楚也執諸銅鞮銅鞮晉別縣在上黨

其貳於楚也執諸銅鞮縣在上黨

欒書伐鄭〻人使伯蠲行成晉人

殺之非禮也兵交使在其間可也

明殺行人例楚子重侵陳以救鄭陳與晉故

晉侯觀于軍府見鍾儀問之曰南

冠而縶者誰也南冠楚冠縶拘執也有司對

冠而縶者誰也（縶拘執也）有司對
曰鄭人所獻楚囚也使稅之（鄭獻鍾儀
在七年稅解也）召而弔之再拜稽首問其
族對曰泠人也（泠人樂官）公曰能樂乎
對曰先人之職官也敢有二事（言不敢學
他事）使與之琴操南音（南音楚聲）公曰

他事使與之琴操南音楚聲公曰君王何如對曰非小人之所得知也固問之對曰其為大子也師保奉之以朝于嬰齊而夕于側也嬰齊令尹子重側司馬子反言其尊卿敬老不知其他公語范文子文子曰楚囚君子也言

語范文子。文子曰：楚囚，君子也。言稱先職，不背本也；樂操土風，不忘舊也；稱大子，抑無私也；舍其近事而遠稱少小，以示性所自然，明至誠也。名其二卿，尊君也。尊晉君也。不背本，仁也；不忘舊，信也；無私，忠也；尊君，敏也。敏，達。仁以接事，私忠也尊君敏也仁以接事信以守之忠以（成之敏以）行之事雖大必濟言有此四德必能成大事也君盡歸之使合晉楚之成公從之重為之礼使歸求成為下十二月晉楚結成張本冬十一月楚子重自陳伐莒圍渠丘渠丘城惡衆

童自陳伐莒圍渠丘〻〻城惡衆
潰奔莒戊申楚入渠丘月六日莒人
囚楚公子平楚人曰勿殺吾歸而
俘莒人殺之楚師圍莒〻城亦惡
庚申莒潰月十八日楚遂入鄆莒無備
故也終〻巫臣之言也君子曰恃陋而不備

故也之言也君子曰恃陋而不備
罪之大者也備豫不虞善之大者
也莒恃其陋而不脩城郭浹辰之 子協反徐又子亦子𣳾合反
間而楚克其三都無備也夫 浹辰十二
日也 詩曰雖有絲麻無弃菅蒯雖有 古顏反 苦怪反
姬姜無弃蕉萃凡百君子莫不代 在遙反 在醉反

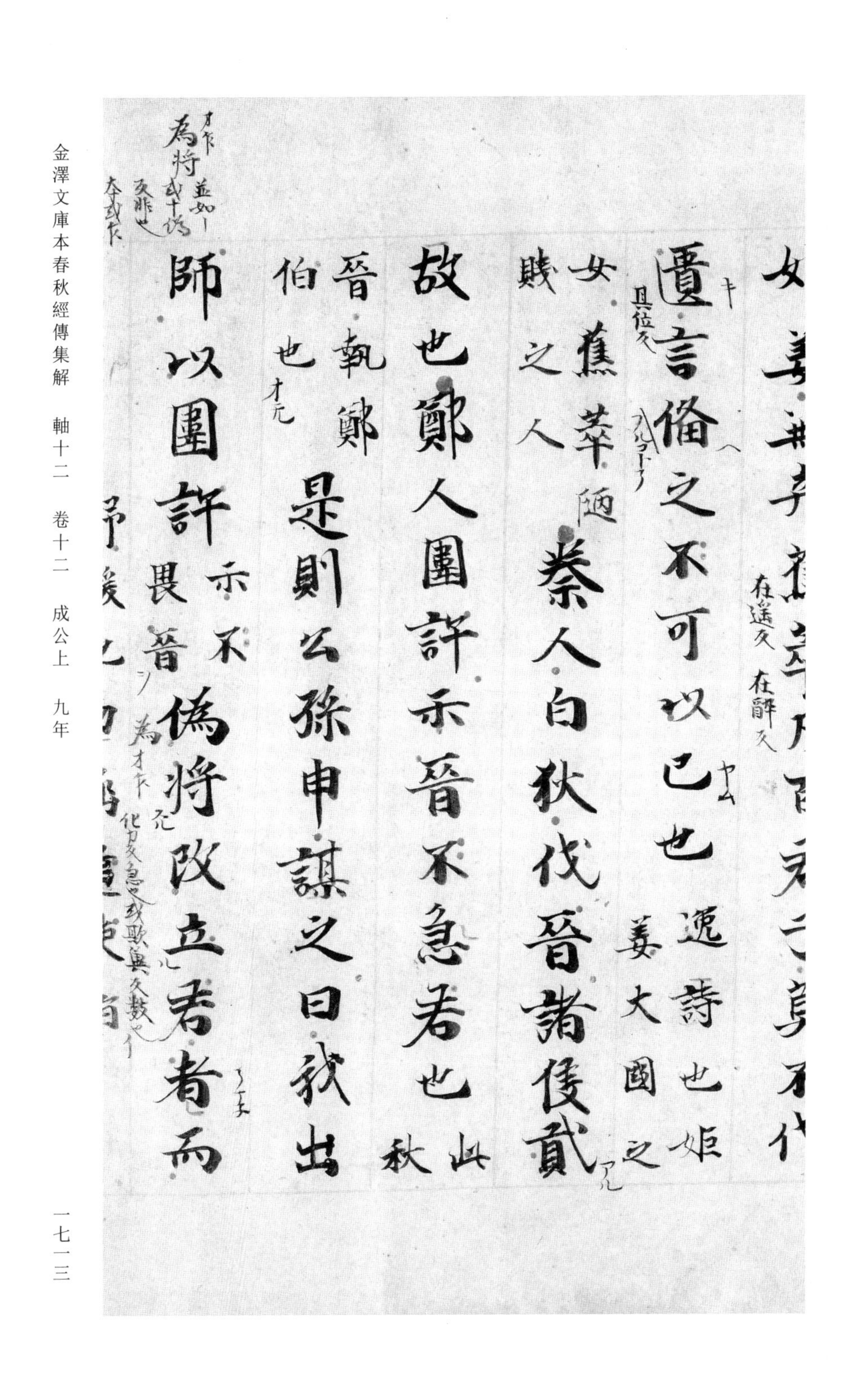

姬姜無棄蕉萃凡百君子莫不代匱言備之不可以已也逸詩也姬姜大國之女蕉萃陋賤之人秦人白狄伐晉諸侯貳故也鄭人圍許示晉不急君也此秋晉執鄭伯也是則公孫申謀之曰我出師以圍許示不畏晉僞將改立君者而紓緩之[illegible]

師以圍許畏晉使將改立君者而

紓晉使（紓緩也勿亟遣使詣晉示欲更立君者也）晉必

歸君（為明年晉侯歸鄭伯張本）城中城書時也

十二月楚子使公子辰如晉報鍾

儀之使請脩好結成（鍾儀奉晉命歸故楚[illegible]之）

經十年春衛侯之弟黑背帥師侵鄭

經十年春衛侯之弟黑背帥師侵鄭

夏四月五卜郊不從乃不郊無傳卜常祀不郊皆非禮故書

五月公會晉侯齊侯宋公衛侯曹伯伐鄭晉侯太子州蒲也稱爵見其生代父居位失人子之禮

齊人來媵無傳媵伯姬也異姓來媵非禮也

丙午晉侯獳卒六同盟據傳丙午六

礼也

丙午晉侯獳卒傳丙午六月七日有日無月

秋七月公如晉冬十月

傳十年春晉侯使糴茷如楚糴茷晉大夫也

報大宰子商之使也子商楚公子辰使在前年

衛子叔黑背侵鄭晉命也晉命衛使侵鄭

鄭公子班聞叔申之謀改立君之謀也

三

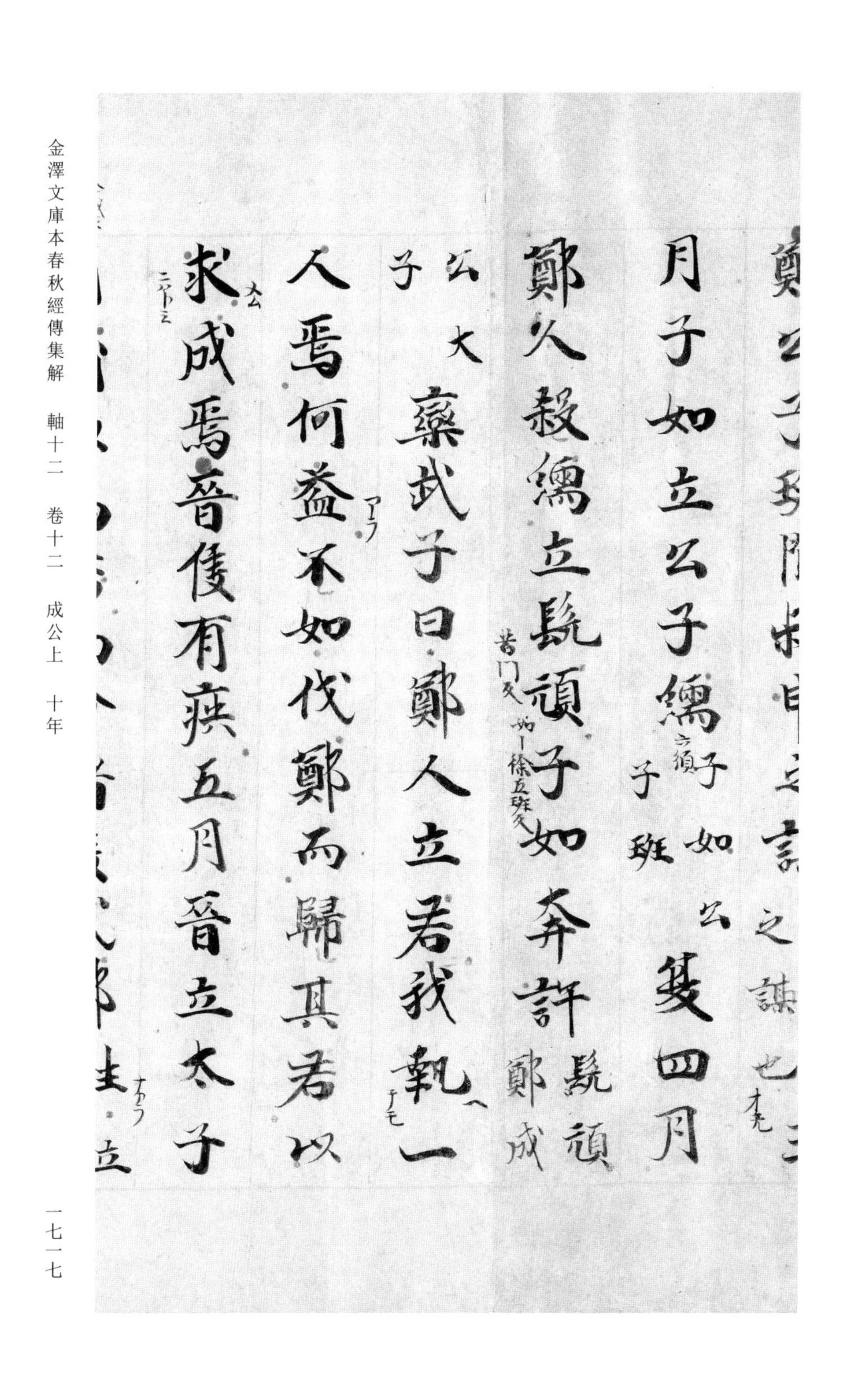

鄭公子班聞叔申之謀之謀也三月子如立公子繻子如公子班夏四月鄭人殺繻立髡頑子如奔許髡頑鄭成公大子欒武子曰鄭人立君我執一人焉何益不如伐鄭而歸其君以求成焉晉侯有疾五月晉立太子

州蒲本或作州滿

卷方權反字林丘權反如淳漢書同音

求成焉晉侯有疾五月晉立太子州蒲以為君而會諸侯伐鄭生立其子為君此父不父子不子經因書晉侯其惡明鄭子罕賂以襄鐘子罕穆公子襄鐘鄭襄公之廟鐘子然盟于脩澤子駟為質子然子駟皆穆公子滎陽卷縣東南有武脩亭辛巳鄭伯歸鄭伯歸不書鄭不告入

武脩亭 辛巳鄭伯歸 鄭不告入

晉侯夢大厲被髮及地搏膺而踊

曰殺余孫不義 厲鬼也趙氏之先祖也八年晉侯殺趙同趙括故怒也 余得請於帝矣壞大門

及寢門而入公懼入于室又壞戶

公覺召桑田巫 桑田晉邑 巫言如夢 巫云

公覺召桑田巫桑田晉邑巫言如夢云鬼怒如公所夢公曰何如曰不食新矣言公不得及食新麦公疾病求醫于秦秦伯使醫緩為之緩醫名為猶治也未至公夢疾為二豎子曰彼良醫也懼傷我焉逃之其一曰居肓之上膏之下若

徐於虔反一讀如字屬上句

徐方荒反鬲也說文云心下鬲上也

逃之。其一曰：居肓之上，膏之下，若

我何？肓，鬲也。心下為膏。醫至，曰：疾不可為

也。在肓之上，膏之下，攻之不可，達

之不及，藥不至焉，不可為也。達，針。公

曰：良醫也。厚為之禮而歸之。六月

丙午，晉侯欲麥，周六月，今四月，麥始熟也。使甸

[illegible]

丙午晉侯欲麥月麥始熟也使甸
人獻麥甸人主為公田者饋人為之召桑
田巫示而殺之將食張如廁陷而
卒張脹滿也小臣有晨夢負公以登天
及日中負晉侯出諸廁遂以為殉
傳言巫以明術見殺小臣以言夢自禍鄭伯討立君

小臣以言夢自禍　鄭伯討立君
者伐申殺叔申叔禽叔禽叔申弟君子
曰忠為令德非其人猶不可況不
令乎言叔申為忠不得其人還害身秋公如晉親弔
非禮晉人止公使送葬於是糴茷未
反是春晉使糴茷至楚結成晉謂魯二於楚故留公須糴茷還驗

反魯二於楚故留公須糴茷還驗其虛實冬葬晉景公〻送葬諸侯莫在魯人辱之故不書諱之也諱不書晉葬也

一

春秋卷第十二　經八千二百七十四字
注五千三百三十四字

注五千三百三十四字

本奧云
文永二年三月十日以清參州之本
之寫點校了

書本奧云
弘長二年歲則朔日以摺本右本
手身之寫了
筑州別駕清原　在判

愚老加墨點了
前參河守　在判

愚老加點了

前參河守　在判

本奥云

文永元年霜月八日謬課愚拙之性猥

終授點之功畢

散位清原俊隆

文永五年十二月廿一日以家説

秋説授申越州刺史尊閤了

文永五年十二月廿二日以家説
秘説授申越州太守貴閣了
朝請大夫清原[illegible]

一覧已十ヶ　于時卅四　永享十五年[illegible]　仲秋下旬　[illegible]

左傳集解
十三

春秋經傳集解成下第十三 杜氏 盡十八年
金澤文庫

春秋經傳集解成下第十三　杜氏　盡十八年

正十九

經十有一年春王三月公至自晉正月

公在晉不書諱見止晉侯使郤犫來聘己丑

及郤犫盟郤犫郤克從父兄弟夏季孫行父

從祖在裏　服云從祖兄弟杜云從父云云或從父當爲祖

如晉秋叔孫僑如之齊冬十月

從又云〻或又當為祖字誤歟

如晉秋叔孫僑（具騎反）如〻齊冬十月

傳十一年春王三月公至自晉〻人以公為貳於楚故止公〻請受盟而後使歸前年七月公如晉半至是乃得歸郤犨来聘且涖（云利反云類）盟也公請受盟故使大夫来臨之聲伯之母不聘（本亦作娉匹政反）聲伯之母叔肸（許乙反）之妻不聘無媒礼穆

聘作娉近政反

摺大本作相謂為姒諸本作相謂姒

伯之母不聘妻不聘無媒禮穆

姜曰不吾不以妾為姒昆弟之妻相謂為姒

穆姜宣公夫人宣公叔肸同母昆弟生聲伯而出之

嫁於齊管于奚生二子而寡以歸

聲〻伯〻以其外弟為大夫外弟管于奚之子也為

而嫁其外妹於施孝

魯惠文夫

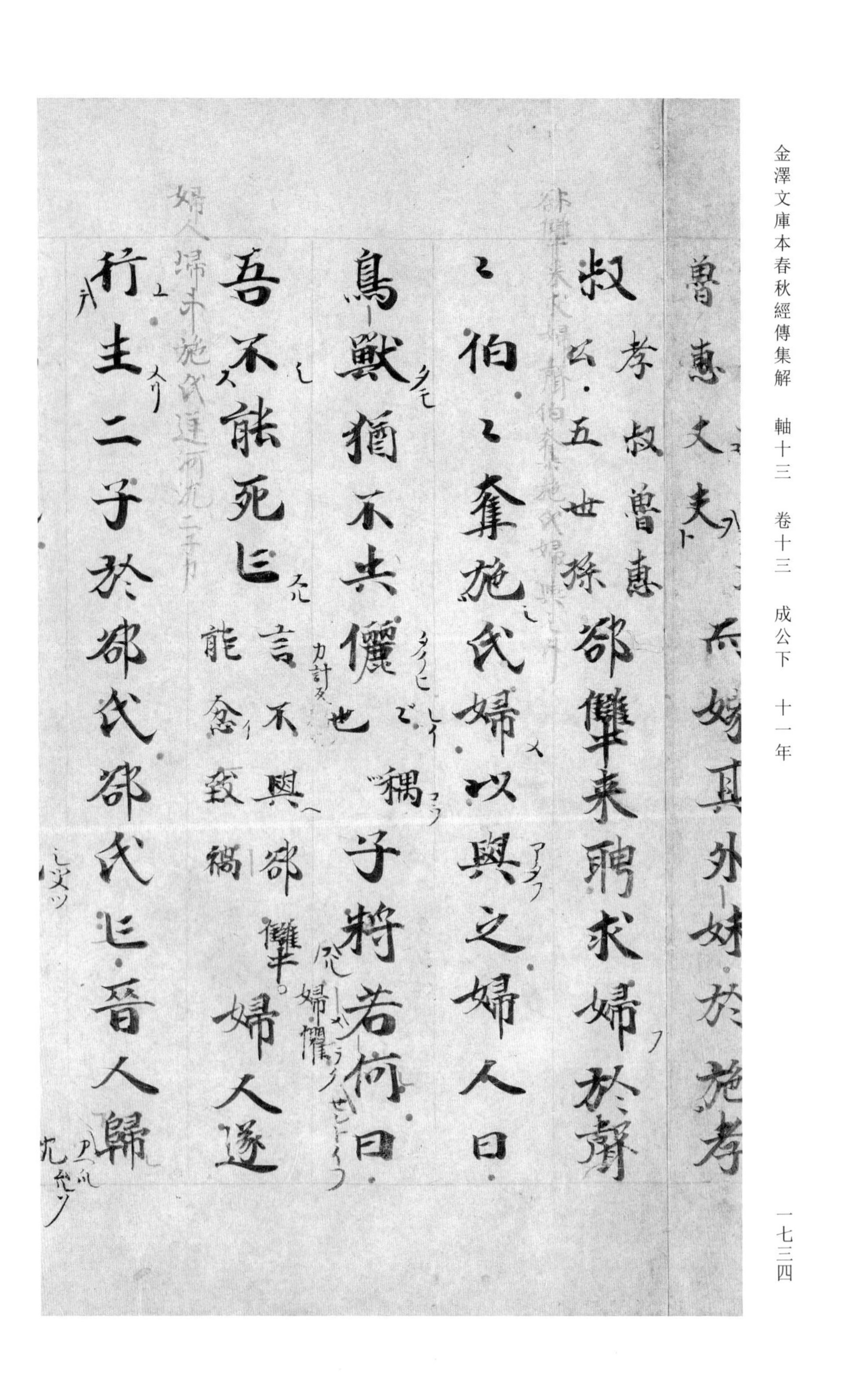

魯惠文夫而嫁其外妹於施孝

叔孝叔魯惠公五世孫郤犫來聘求婦於聲

〻伯〻奪施氏婦以與之婦人曰

鳥獸猶不失儷〻耦也子將若何曰

吾不能死亡言不與郤犫能念致禍婦人遂

行生二子於郤氏郤氏亡晉人歸

行生二子於郤氏郤氏亡晉人歸

之施氏施氏逆諸河沈其二子　徐直蔭反注同一云如字

於河婦人怒曰己不能庇其伉儷而

亡之　伉敵也　又不能字人之孫孤

而殺之　字愛也　將何以終遂誓施氏

約　誓不復為之婦也　傳

言郤犨淫縱所以亡也　夏季文子

言郤犫淫縱所以亡也

夏季文子如晉報聘且涖盟也郤犫文子交盟魯晉之君其意一也故但書來盟舉重略輕者也

周公楚惡惠襄之偪也惠王襄王之族且與伯與爭政伯與周卿士不勝怒而出及陽樊陽樊晉地

王使劉子復之盟于鄄而入三日

鄇人　本又作候　人如字

王使劉子復之盟于鄄而入三日復出奔晉　王既復之而復出所以自絶於周爲明年周公出奔傳　鄄周邑也　秋宣伯聘于齊以脩前好　穿卒以前之好　好呼報反注同　晉郤至與周爭鄇田　鄇温　戶候反字林云候温　別邑今河內懷縣西南有鄇人亭　王命劉康公單襄公訟諸晉郤至曰温吾故也故

襄公訟諸晉郤至曰溫吾故也故
不敢失言溫郤氏舊邑劉子單子曰昔周
克商使諸侯撫封各撫有其封內之地蘇忿
生以溫為司寇與檀伯達封于河
蘇忿生周武王司寇蘇公也與檀伯達俱封於河內蘇氏即
狄又不能於狄而奔衛事在僖十年襄

狄又不能於狄而奔衛十年襄
王勞文公而賜之溫在僖二十五年狐氏
陽氏先處之狐溱陽處父先食溫地而後及
子若治其故則王官之邑也子安
得之晉侯使郤至勿敢爭傳言郤至貪所
以宋華元善於令尹子重又善於

宋華元善於令尹子重又善於欒武子聞楚人既許晉糴茷（徐扶廢反一音蒲廢反又蒲发反）成而使歸復命矣在往年冬華元如楚遂如晉合晉楚之成為明年盟宋西門外張本秦晉為成將會于令狐晉侯先至焉秦伯不肯涉河次于王城使史顆（苦果反）盟

秦伯不肯涉河次于王城使史顆盟

晉侯于河東史顆秦大夫晉郤犨盟秦

伯于河西既盟王城范文子曰是盟也

何益齊盟所以質信也齊一心會質成也

所信之始也始之不從其可質乎

秦伯歸而背晉成為十三年伐秦傳

[illegible]晉所伐秦傳

瑣素果反旅字宜作瑣

經十有二年春周公出奔晉夏公會晉侯衛侯于瑣澤瑣澤地闕秋晉人敗狄于交剛交剛地闕冬十月

傳十二年春王使以周公之難來告

周公奔在前年書曰周公出奔晉凡自周

在前年書曰周公出奔晉凡自周無出周公自出故也天子無外故奔者不言出周公爲王所役而自絕於周故書出以罪之宋華元克合晉楚之成終前年事夏五月晉士燮會楚公子罷許偃二子楚大夫癸亥盟于宋西門之外曰凡晉楚無相加

于宋西門之外曰凡晉楚無相加

戎好惡同之同恤菑危備救凶患

若有害楚則晉伐之在晉楚亦如

之交贄往來道路無壅謀其

不協而討不庭討背叛不來在王庭者有渝

此盟明神殛之殛誅之俾隊其師無

此盟明神殛之俾隊其師無

克胙國（俾使也　隊失也）鄭伯如晉聽成（聽猶

受也晉楚既成鄭往受命）會于瑣澤成故也（晉既

與楚成合諸侯以申成好）狄人間宋之盟以侵

晉而不設備秋晉人敗狄于交剛

晉郤至如楚聘且涖盟楚子享之

晉郤至如楚聘且涖盟楚子享之子反相爲地室而縣焉（縣鍾鼓也）郤至將登金奏作於下（擊鍾而奏樂）驚而走出子反曰日云莫矣寡君須矣吾子其入也賓曰君不忘先君之好施及下臣貺之以大禮重之以

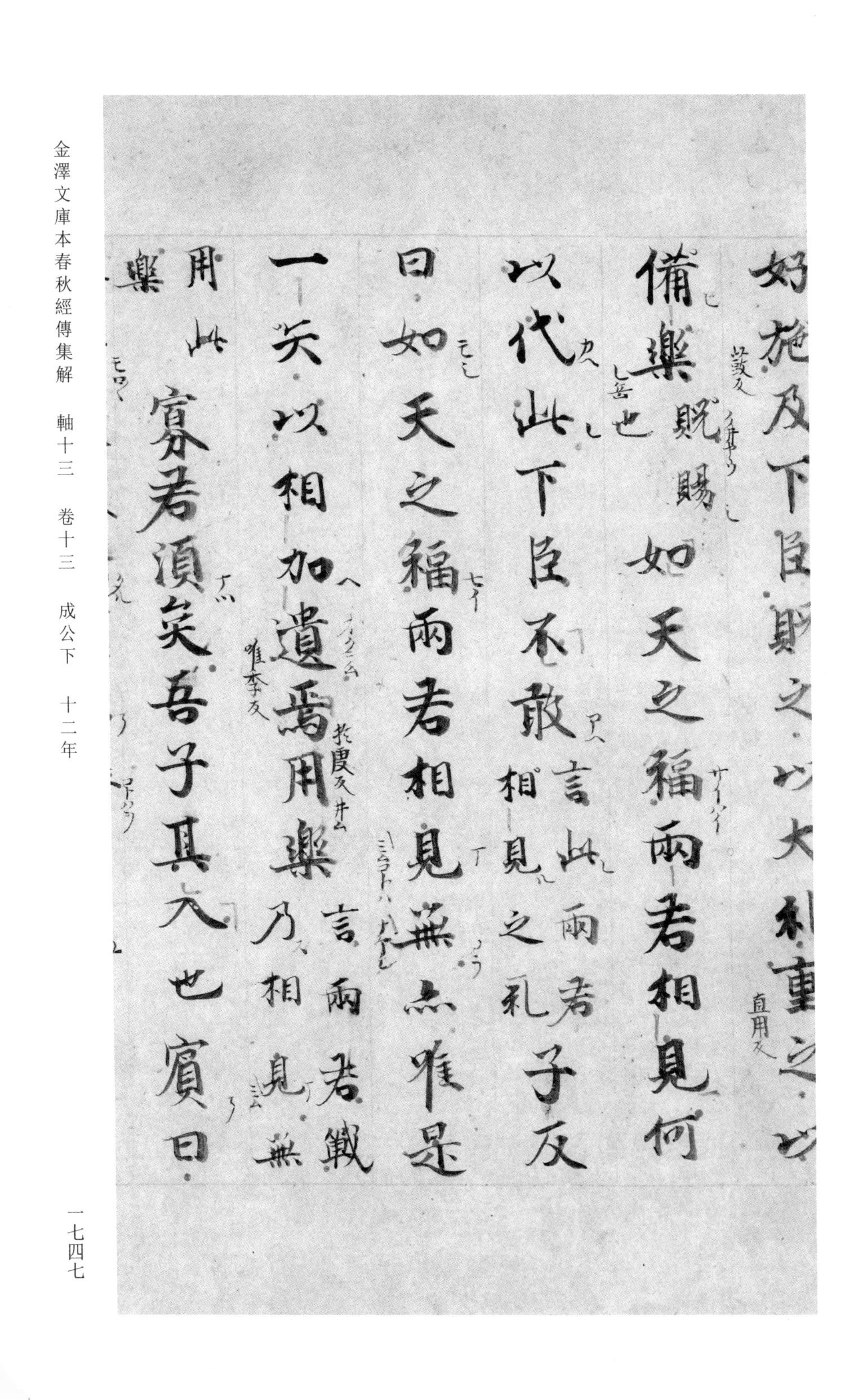

好施及下臣貺之以大禮重之以
備樂貺賜也如天之福兩君相見何
以代此下臣不敢言此兩君相見之礼子反
曰如天之福兩君相見無亦唯是
一矢以相加遺焉用樂言兩君戰乃相見無
用此寡君須矣吾子其入也賓曰
樂

樂

寡君須矣吾子其入也賓曰傳諸侯讓得賓主辭者多曰賓主以明之若讓之以一

矢禍之大者也其何福之爲世之

治也諸侯間於天子之事則相朝

也王事間缺則循私好於是乎有享宴之禮

享以訓共儉享有體薦設几而不倚爵盈而不飲肴乾

宴則折俎

直吏反下注同

許丈反舊又許亮反本又作饗

佗見反徐於甸反

於倚反

享以訓共儉倚（於綺反）爵盈而不飲肴乾

而不食所宴以示慈惠　宴則折（之設反）俎

以訓共儉　相與共食

共儉以行禮而慈惠以布政　政以

禮成民是以息百官承事朝（直遙反）而不

夕不夕言此公侯之所以扞（戶旦反）城其

無事扞蔽也言享宴結好

民也　鄰國所以蔽扞其民　故詩曰

忌或本並寸同之忌字誤也

民也鄰國所以蔽扞其民故詩曰

赳〻武夫公侯干城　居黝反一音居龍反

詩周南之風　赳〻武貌干

扞難也言公侯之與　戶旦反本亦作扞又如字下同

武夫止於扞難而已及其亂也諸　乃旦反

侯貪冒侵欲不忌爭尋常以盡其　莫報反又亡北反

民　八尺曰尋倍尋曰常言

爭尺丈之地以相攻伐　略其武

夫以為己腹心股肱爪牙　略取也

言世亂

傳

夫以為己腹心股肱爪牙言世乱則公侯制禦武夫以從己志使侵害鄰國為搏噬之用無已故

詩曰赳〻武夫公侯腹心舉詩之正以駮乱義詩言治世則武夫能合德公侯外為扞城内制其腹心

天下有道則公侯能為民干城而制其腹心乱則反之略其武夫以為己腹心爪牙

謁曉反漢書文義丁遠反

其腹心乱則反之　己腹心爪牙

今吾子之言乱之道也不可以為

法然而吾子主也至敢不從遂入

卒事歸以語范文〻子〻曰無礼

必食言吾死亡無日矣夫　言晉楚不能久

和必被相伐為十六

年鄢陵戰張本也　冬楚公子罷

謁晚反漢書又義丁蓮反

年鄢陵戰張本也 十九

冬楚公子罷如晉聘且涖盟 郤至

十二月晉侯及楚公子罷盟于赤棘 晉地

經

十有三年春晉侯使郤錡來乞師將伐秦也侯伯當召兵而乞師謙辭

三月公如京師伐秦道過京師因朝王

夏五月公至自京師

師因朝王　夏五月公至自京師

遂會晉侯齊侯宋公衛侯鄭伯曹

伯邾人滕人伐秦曹伯盧卒于師

五同盟　秋七月公至自伐秦無傳冬葬

曹宣公

傳

十三年春晉侯使郤錡來乞師將

事不敬

傳

十三年春晉侯使郤錡來乞師將

事不敬將事致君命孟獻子曰郤氏其

亡乎礼身之幹也敬身之基也郤

子無基且先君之嗣卿也受命以

求師將社稷是衛而惰弃君命也

不亡何為郤錡郤克子故曰嗣卿為十七年晉殺郤錡傳

為十七年晉殺郤錡傳

三月公如京師宣伯欲賜欲王賜己請

先使王以行人之礼〻焉不加厚孟

獻子從王以為介而重賄之介輔相威

儀者獻子相公以公及諸侯朝王

礼故王重賜之

遂從劉康公成肅公會晉侯伐秦

遂從劉康公成肅公會晉侯伐秦（劉康公王季子劉成　二公不書兵不加秦）成子受脤于社不敬（脤宜社之肉也盛以脤器　故曰脤宜出兵祭社之名）劉子曰吾聞之民受天地之中以生所謂命也是以有動作禮義威儀之則以定命也能者養以之福

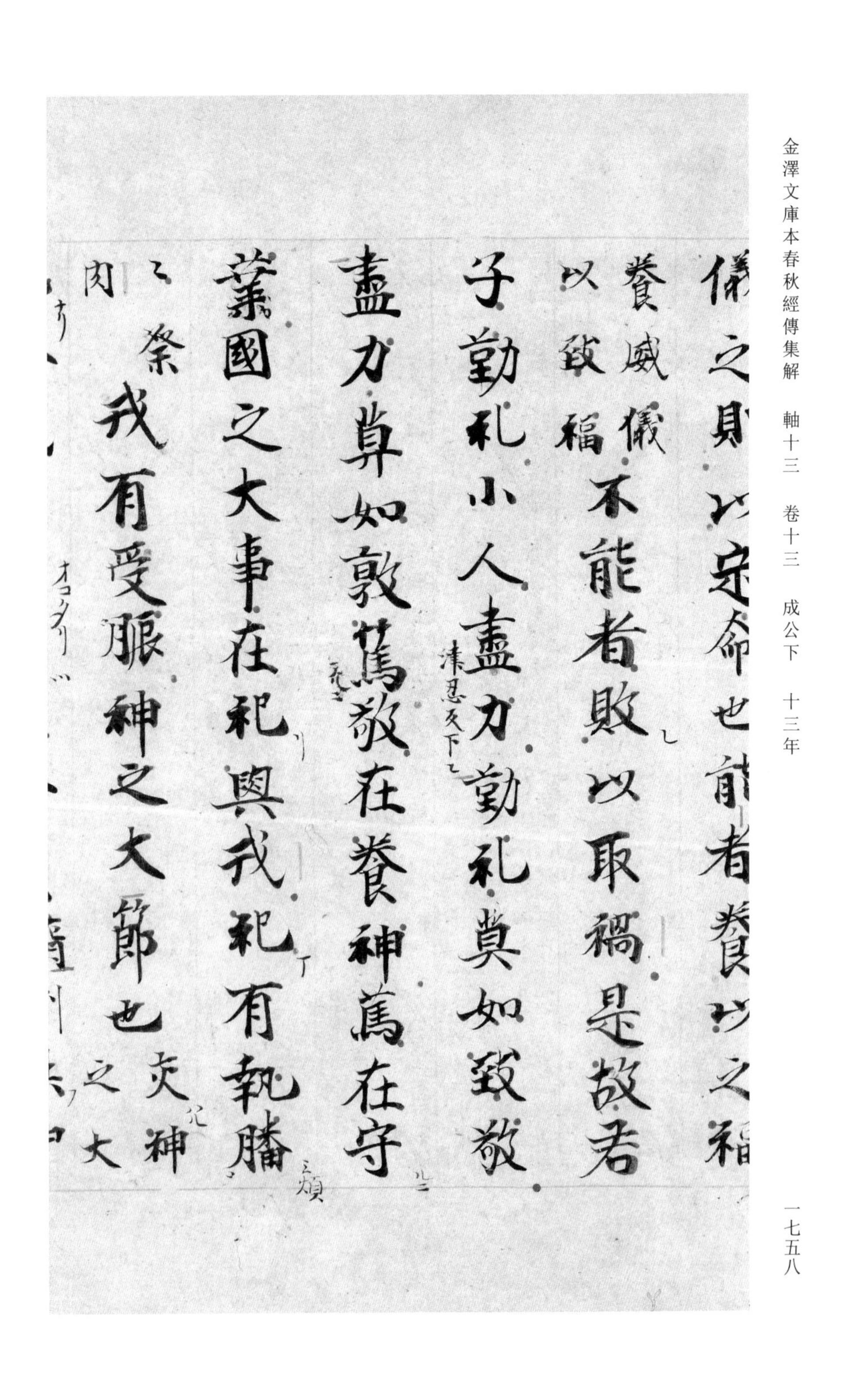

儀之則以定命也能者養以之福

養威儀以致福不能者敗以取禍是故君

子勤禮小人盡力勤禮莫如致敬

盡力莫如敦篤敬在養神篤在守

業國之大事在祀與戎祀有執膰

祭肉戎有受脤神之大節也交神之大

肉……之大

節也。今成子惰，棄其命矣。惰則失中和之義

其不反乎。為成肅公卒張本

夏四月戊午，晉侯使呂相絕秦，呂相，魏錡子。蓋口宣己命也。息亮反，注同

曰：昔逮我獻公及穆公相好，晉獻公、穆公相好

戮力同心，申之以盟誓，重之以昏姻。穆公夫人，晉獻公之女

好，呼報反，下同。

女戮同心申之以婚姬獻公之女吁報反下同　相乘之兵贊庚力幽反呂靜字韻與飂同字林云遼上
天禍晉國文公如齊惠公如秦辟音避
驪力知反
姬也不言秋梁無祿獻公即世穆
舉所恃大國
公不忘舊德俾我惠公用能奉祀俾必爾反本亦作畀下及注同
于晉傳十年秦納惠公又不能成大勳而
為韓之師傳十五年秦伐晉獲惠公亦悔于厥

擐

為韓之師伐晉獲惠公亦悔于厥

心用集我文公集成也是穆之成也

成功於晉文公躬擐甲冑跋履山川草行

為跋踰越險阻征東之諸侯虞夏商

周之胤而朝諸秦則亦既報舊德

矣鄭人怒君之疆埸我文公帥諸

則是或作

矣鄭人怒君之疆埸我文公帥諸侯及秦圍鄭晉自以鄭貳於楚故圍之鄭非侵秦也晉以此誣秦事在僖三十年秦大夫不詢于我寡君擅及鄭盟詢謀也盟者秦伯讓言大夫諸侯疾之將致命于秦致死命而討秦時無諸侯蓋諸侯遂致此意文公恐懼綏靜諸侯秦師

此意文公恐懼綏靜諸侯秦師

克還無害則是我有大造于西也

造成也言晉有成功於秦

無祿文公即世穆為

本或以我字在死上非

不弔不見弔傷蔑死我君寡我襄公寡弱

也

迭我殽地奸絕我好伐我保城

殄滅我費滑伐保城誣之費滑國都於費今緱氏縣

殄滅我費滑國都於費今緱氏縣散離我兄弟撓乱我同盟同姓傾覆我國家我襄公未忘君之舊勳納文公之勳而懼社稷之隕是以有殽之師在僖三十三年猶願赦罪于穆公晉欲求解於秦穆公弗聽而即楚謀我天誘

誘也　蝥莫侯反今有蟲今食苗爲

於秦穆公弗聽而即楚謀我天誘其衷成王隕命秦使鬪克歸楚求成事見文十四年文元年楚弑成王穆公是以不克逞志于我逞快也穆襄即世康靈即位文六年晉襄秦穆皆卒康公我之自出晉外甥又欲闕翦我公室傾覆我社稷帥我蝥

闕翦我公室傾覆我社稷帥我蝥
賊以來蕩搖我邊疆蝥賊食禾稼蟲名謂秦納
公子雍我是以有令狐之役在文七年康
猶不悛入我河曲悛改也伐我涑川
俘我王官涑水出河東聞喜縣西南至蒲坂縣入河翦
我羈馬我是以有河曲之戰在文十二

我羈馬我是以有河曲之戰十二年東道之不通則是康公絶我好也言康公自絶故不段東道晉及君之嗣也君秦桓公我君景公引領西望曰庶撫我乎望秦撫恤晉君亦不惠稱盟不肯稱晉望而共盟利吾有狄難謂晉滅潞氏時入我河縣

𤸎古夷本又作夷

盟利吾有狄難潞氏時入我河縣焚我箕郜芟夷我農功夷傷也虔劉我邊垂虔劉皆殺也我是以有輔氏之聚聚衆也在宣十五年君亦悔禍之延延長也而欲徼福于先君獻穆晉獻秦穆使伯車來命我景公伯車秦桓公子曰吾與女

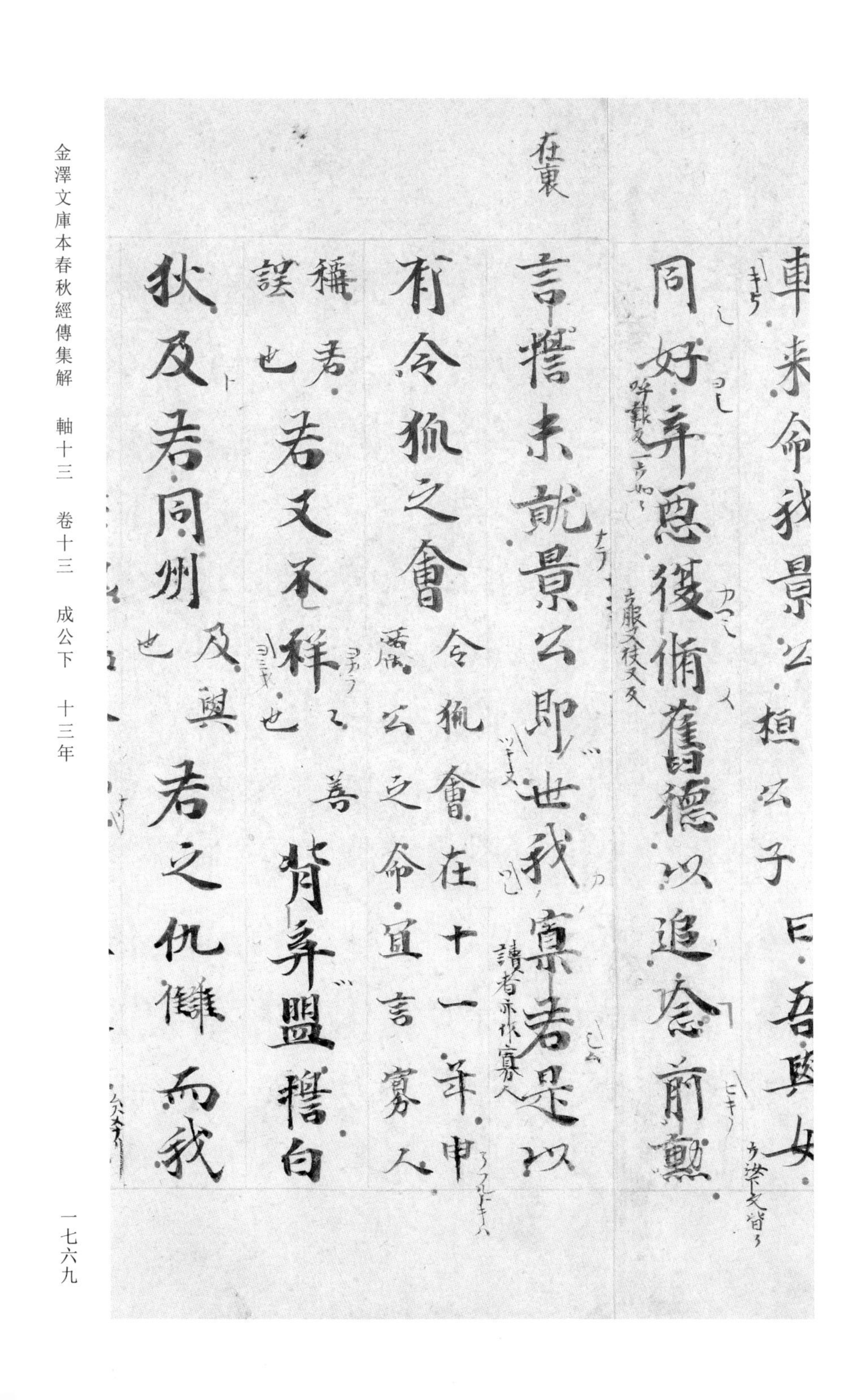

車來命我景公桓公子曰吾與女同好弃惡復脩舊德以追念前勳言誓未就景公即世我寡君是以有令狐之會令狐會在十一年申厲公之命宜言寡人稱君者謬也君又不祥祥善也背弃盟誓白狄及君同州及與也君之仇讎而我

狄及君同州。君之仇讎而我婚姻也。季隗廧咎如赤狄之女也。白狄伐而獲之，納諸文公。君來賜命曰：吾與女伐狄。寡君不敢顧婚姻，畏君之威而受命于吏。君有二心於狄，曰：晉將伐女。狄應且憎，是用告我。言狄雖應答秦，而心實憎秦無信。

且憎是用告我　心實憎秦無信
楚人惡君之二三其德也亦来告我
曰秦背令狐之盟而来求盟于我
昭告昊天上帝秦三公楚三王　三公
穆康共三　出入
王成穆莊曰余雖與晉出入　猶往
来余唯利是視不穀惡其無成德

余唯利是視不穀惡其無成德

是用宣之以懲不壹諸侯備聞此

言斯是用痛心疾首暱就寡人疾

痛也暱親也

寡人帥以聽命唯好是求

君若惠顧諸侯矜哀寡人而賜之

盟則寡人之願也其承寧諸侯以

盟則寡人之願也其承寧諸侯以退承君之意以寧靜諸侯豈敢徼乱徼要也君若不施大惠寡人不佞其不能以諸侯退矣敢盡布之執事俾執事實圖利之俾使也秦桓公既與晉厲公為令狐之盟而又召狄與楚欲

公爲令狐之盟而又召狄與楚欲
道以伐晉諸侯是以睦於晉辭多誣
秦故傳據此三
事以正秦罪晉欒書將中軍荀子匠反凡一其軍者放此以意求之
庚佐之庚代荀首士燮將上軍代荀庚郤
錡佐之代士燮韓厥將下軍代郤錡荀
罃佐之代趙同趙旃之絃反將新軍代韓厥郤

罃佐之同
趙旃將新軍厥谷
至佐之代趙括
郤毅御戎欒鍼爲右
郤毅郤至弟
欒鍼欒書子孟獻子曰晉帥乘和
師必有大功帥軍帥乘車士五月丁亥晉
晉秦戰于麻隧在秦敗
師以諸侯之師及秦師戰于麻隧
秦師敗績獲秦成差及不更女父

秦師敗績獲秦成差及不更女父
不更秦爵戰敗績不書以爲晉直秦
曲則韓役書戰時公在師復不須
告克獲有功亦無所諱
蓋經文闕漏傳文獨存
曹宣公卒
于師〻遂濟涇及侯麗而還
涇水出安定
東南經扶風京兆
高陵縣入渭也
迓晉侯于新楚
陵縣入
渭也
迓晉侯于新楚
迓迎也既
戰晉侯麗

渭也　迓晉侯于新楚　戰晉侯麗

上新楚故師還過迓之

麻隧侯麗新楚皆秦地

成肅公卒

于瑕

終劉子之

言瑕晉地

六月丁卯夜鄭公

子班自訾求入于大宮不能殺子

訾鄭地大宮鄭祖廟十年

班出奔許今欲還為亂子

印子羽

印子羽皆

皆穆公子

反軍于市己巳子駟帥

皆穆公子不能反軍于市己巳子駟帥

國人盟于大宮子駟穆遂從師而

盡焚之之焚燒殺子如子駹孫叔孫

知子如公子班子駹班弟孫

叔子如子孫知子駹子曹人

使公子負芻守使公子欣時逆曹

伯之喪二子皆曹宣公庶子秋負芻殺其太

伯之喪（宣公庶子）秋負芻殺其大

子而自立也（宣公太子）諸侯乃請討之

晉人以其役之勞請俟他年冬葬

曹宣公既葬子臧將亡（子臧公子欣時）國

人皆將從之（不義負芻故）成公乃懼（成公）

告罪且請焉（請留子臧）乃反而致其

負芻告罪且請焉子臧乃反而致其

邑還邑於成公為十五年執曹伯傳

經十有四年春王正月莒子朱卒無傳

九年盟于蒲夏衛孫林父自晉歸于衛

晉納之故曰歸秋叔孫僑如〻齊逆女成公

逆夫人最為得礼而經無納幣者文闕絶也鄭公子喜

無納幣者文闕絶也

師師伐許九月僑如以夫人婦姜氏至自齊冬十月庚寅衛侯臧卒

五同盟

秦伯卒

無傳二年大夫盟於蜀而不赴以名例在隱七年

隱七年傳云春滕侯卒不書名未同盟也云々

傳十四年春衛侯如晉晉侯強見孫

傳十四年衛侯如晉晉侯强見孫林父焉林父以七年奔晉强見欲歸之定公不可夏衛侯既歸晉侯使郤犫送孫林父而見之衛侯欲辭定姜曰不可定姜定公夫人是先君宗卿之嗣也同姓之卿大國又以為請不許將亡雖惡之

服本有定國二字

大國又以爲請不許將亡雖惡之（烏路反）不猶愈於亡乎君其忍之（如字或于偽反）違大國必見伐故亡

安民而宥宗卿不亦可乎衞侯見而復之復林父位衞侯饗苦成叔成叔郤犨甯惠子相（息亮反注同）相佐禮惠子甯殖苦成叔傲（五報反本又作敖）

甯子曰苦成家其亡乎古之爲

甯子曰苦成叔家其亡乎古之爲享食也以觀威儀省禍福也故詩曰兕觵其觩旨酒思柔詩小雅言君子好禮飲酒皆思柔德雖設兕觵觩然不用以兕角爲觵所以罰不敬觩陳設之貌彼交匪傲萬福來求彼之交於事而不惰傲乃萬福之所求今夫子傲取禍之道也

福之所求
爲十七年
郤伐已傳
秋宣伯如齊逆女稱族
尊君命也八月鄭子罕伐許敗焉
爲許
所敗
戊戌鄭伯復伐許庚子入其
郛
郭
也
許人平以叔申之封
四年
鄭公
孫申疆許田許人之不得定其封
疆今許以是所封田求和於鄭

彊令許以是所封田求和於鄭

九月僑如以夫人婦姜氏至自齊

舍族尊夫人也 舍族謂不稱叔孫故君子

曰春秋之稱微而顯 辭微而義顯 志而

晦 志記也晦亦微也謂約言以記事事叙而文微 婉而成

章 婉曲也謂曲屈其辭有所辟諱以示大順而成其篇章盡

謂直言其事盡其

章辟諱以示大順而成其篇章盡

而不汙謂直言其事盡其事實無所汙曲懲惡而

勸善善名必書惡名不滅所以為懲勸非聖人誰

能脩之脩史策成此五者衛侯有疾使孔

成子甯惠子立敬姒之子衍以為

太子成子孔達之孫敬姒定公妾衍獻公冬十月衛

姒定公妾衛獻公之母

定公卒夫人姜氏既哭而息見太子之不哀也不内酌飲歎曰是夫也將不唯衛國之敗其必始於未亡人定姜言獻公行無礼必從已始下言暴妾使余是也嗚呼天禍衛國也夫吾不獲鱄也使

鱄

天禍衛國也夫吾不獲鱄也使主社稷 鱄衎之毋弟 大夫聞之無不聳懼孫文子自是不敢舍其重器於衛 寶器 盡寘諸戚 寘置也戚孫氏邑 而甚善晉大夫 備乱起欲以爲援爲襄十四年衛侯出奔傳

經十有五年春王二月葬衛定公 無傳

經十有五年春王二月葬衛定公　傳

三月乙巳仲嬰齊卒　無傳襄仲子公孫歸父弟宣十八年逐東門氏既而又使嬰齊紹其後曰仲氏　癸丑公

會晉侯衛侯鄭伯曹伯宋世子成

齊國佐邾人同盟于戚晉侯執曹

伯歸于京師　不稱人以執者曹伯罪不及民歸之京師

使歸之京師罪不及民歸之京師礼也
公至自會無傳
夏六月宋公固卒四同盟
楚子伐鄭秋八月庚辰葬宋共公三月而葬速
宋華元出奔晉宋華元自晉歸于宋華元欲挾晉以自重故以外納吉
宋殺其大夫山不書氏明背其族
宋魚石

宋殺其大夫山背其族宋魚石出奔楚公子目夷之曾孫冬十有一月叔孫僑如會晉士燮齊高無咎宋華元衛孫林父鄭公子鰌邾人會吳于鍾離吳夷未嘗與中國會今始來通晉帥諸侯大夫而會之故殊會明本非同好鍾離楚邑淮南縣許遷于葉許畏

好鍾離楚邑淮南縣許遷于葉畏鄭南依楚故以自遷為文葉今南陽葉縣也

傳十五年春會于戚討曹成公也討其殺太子而自立事在十三年執而歸諸京師書曰晉侯執曹伯不及其民也惡不及民凡君不道於其民諸侯討而執之

凡君不道於其民諸侯討而執之
則曰某人執某侯稱人示衆所欲執不然
則否謂身犯不義者諸侯將見子臧於王
而立之子臧辭曰前志有之曰聖
達節聖人應天命不拘常礼次守節謂賢者下
失節愚者妄動為君非吾節也雖不能

妄動

聖敢共守子逐逃奔宋夏六月宋

共公卒爲下宋乱起楚將北師侵鄭衛子

囊曰新與晉盟而背之無乃不可

乎子反曰敵利則進何盟之有晉楚

盟在十二年子囊莊王子公子貞申叔時老矣在

申老歸聞之曰子反必不免言以

莊王子公子貞申叔時老矣在

申（老歸本邑）聞之曰子反必不免信以

守礼ゝ以庇身信礼之亡欲免得

乎（言不得也）楚子侵鄭及暴隧遂侵衛

及首止鄭子罕侵楚取新石（新石楚邑）

欒武子欲報楚韓獻子曰無庸（用

也）使重其罪民將叛之背盟數

欒武子欲報楚韓獻子曰無庸用

也使重其罪民將叛之背盟數戰罪也

民孰戰為明年晉敗楚於鄢陵傳秋八月葬宋

共公於是華元為右師魚石為左

師蕩澤為司馬蕩澤公孫壽之孫華喜為

司徒華父督之玄孫公孫師為司城莊公孫

督

之…孫

帶本又作帶

向為人為大司寇鱗朱為少司寇

鱗𪍐向帶為大宰魚府為少宰蕩

澤弱公室殺公子肥輕公室以為弱故殺其枝黨肥文公子

華元曰我為右師君臣之

訓師所司也今公室卑而不能正

不能討…

訓師所司也今公室卑而不能正

不能討蕩澤吾罪大矣不能治官敢賴

寵乎乃出奔晉二華戴族也華元華喜

司城莊族也六官者皆桓族也魚石

蕩澤向為人鱗朱向帶魚府皆出桓公魚石將止華

元魚府曰石師反必討是無桓氏

元魚府曰右師反必討是無桓氏

也恐華元還討蕩澤并及六族魚石曰右師苟

獲反雖許之討必不敢言畏桓族強且

多大功國人與之不反懼桓氏之

無祀於宋也華元大功克合晉楚之成劫子反以免宋之

圍右師討猶有戌在向戌桓公曾孫言其賢華

元[illegible]必[illegible]偏[illegible]不

元必不討桓氏雖亡必偏偏不盡魚石自
上華元于河上請討許之乃反使
華喜公孫師帥國人攻蕩氏殺子
山喜師非桓族故使攻之書曰宋殺其大夫
山言背其族也蕩氏宋公族還害公室故去族以示
其魚石向為人鱗朱向帶魚府出

山言背其族也公室故去族以示其罪魚石向為人鱗朱向帶魚府出舍於睢上睢水名五大夫畏華元族罪及將出奔華元使止之不可冬十月華元自止之不可乃反五子不止華元乃還魚府曰今不從不得入矣不得復入宋右師視速而

從不得入矣入宋右師視速而言疾有異志焉若不我納今將馳矣登丘而望之則馳騁而從之五子亦馳逐之則決睢澨澨水涯決壖也閉門登陴矣左師二司寇二宰遂出奔楚四大夫不書獨魚石告華元使向戌爲左師老佐爲司馬樂裔爲司寇以靖國

獨魚石告[illegible]

老佐為司馬樂裔為司寇以靖國

人老佐戴公五世孫晉三郤害伯宗譖而

殺之及欒弗忌欒弗忌晉賢大夫伯州犁

奔楚伯宗子韓獻子曰郤氏其不免

乎善人天地之紀也而驟絶之不

[illegible]殺伯宗及欒弗忌故曰

乎善人天地之紀也而驟絕之不

亡何待既殺伯宗又及弗忌故曰驟也為十七年晉殺三郤

傳初伯宗每朝其妻必戒之曰盜

憎主人民惡其上子好直言必及

於難傳見雉婦人之言不可廢十一月會吳于

鍾離始通吳也始與中國接許靈公畏

偪于鄭請遷于楚辛丑楚公子申

遷許于葉

經十有六年春王正月雨木冰無傳記寒過節冰封著樹

夏四月辛未滕子卒不書名未同盟

鄭公子喜帥師侵宋喜穆公子ゝ罕也

盟　鄭公子喜帥師侵宋　ゝ罕也

六月丙寅朔日有食之　傳無　晉侯使

欒黶來乞師　將伐鄭黶欒書子　甲午晦晉

於斬反徐於私反

侯及楚子鄭伯戰于鄢陵楚子鄭

謁晚反又於建反

師敗績　楚師未大崩楚子傷目而

退故曰楚子敗績鄢陵鄭地今屬

潁川郡　楚殺其大夫公子側　側子反背

潁川郡楚殺其大夫公子側反背盟無礼卒以敗師故書名秋公會晉侯齊侯衛侯宋華元邾人于沙隨沙隨宋地梁國寧陵縣北有沙隨亭不見公不及鄢陵戰故也不諱者恥輕於執止公至自會無傳公會尹子晉侯齊國佐邾人伐鄭尹子王卿士子爵曹伯歸自京師為晉侯所赦故書歸諸侯

士子爵　曹伯歸

自京師　為晉侯所赦故書歸諸侯

歸國或書名或不書名或

言歸自某或言自某

或作自某侯歸

歸傳無義例從告辭　九月晉人執

季孫行父舍之于苕丘　苕丘晉地舍　之苕丘明不

以歸不稱行　人非使人

冬十月乙亥叔孫僑

如出奔齊　公未歸　國人逐之　十有二月乙

丑季孫行父及晉郤犨盟于扈　晉

如出奔齊國人逐之十有二月乙丑季孫行父及晉郤犫盟于扈晉許魯平故盟公至自會無傳伐而以會致者史異文乙酉刺公子偃魯殺大夫皆言刺義取於周禮三刺之法

傳十六年春楚子自武城使公子成以汝陰之田求成于鄭汝水之南近鄭地鄭叛晉子駟從楚子盟于武城為

以汝陰之田求成于鄭 近鄭地

鄭叛晉子駟從楚子盟于武城 為晉伐鄭起

夏四月滕文公卒鄭子罕伐宋 滕宋之與國鄭因滕有喪而伐宋故傳舉滕傳卒侵伐經傳異文經從告傳言實他皆放此

宋將鉏 仕魚反徐在魚反 樂懼敗諸

七藥反徐云酌一方市藥反

汋陂 彼宜反 敗鄭師也樂懼戴公六世孫將鉏樂氏族 退舍於

夫渠不儆 宋師不 鄭人覆之敗諸

六世孫將鉏樂氏族退舍於
夫渠不儆宋師不儆備鄭人覆之敗諸
汋陵獲將鉏樂懼宋恃勝也汋陂
夫渠汋陵皆宋地衛侯伐鄭至于鳴鴈為晉
故也鳴鴈在陳留雍丘縣西北晉侯將伐鄭范
文子曰若逞吾願諸侯皆叛晉可
以逞快也晉厲公無道三郤驕

文子曰若逞吾願諸侯皆叛晉可以逞快也晉厲公無道三郤驕故欲使諸侯叛冀其懼而思德若唯鄭叛晉國之憂可立俟也欒武子曰不可以當吾世而失諸侯必伐鄭乃興師欒書將中軍士燮佐之代荀庚郤錡將上軍代士燮荀

庚

庚

燮佐之庚郤錡將上軍燮荀

偃佐之代郤錡偃荀庚子韓厥將下軍郤

至佐新軍荀罃居守荀罃下軍佐於是郤犨代

趙旃將新軍新上下軍罷矣郤犨如衛遂如齊

皆乞師焉欒黶來乞師孟獻子曰

晉有勝矣卑讓有礼故知其將勝楚戊寅晉師

晉有勝矣知其將勝楚戊寅晉師起鄭人聞有晉師使告于楚姚句耳與往句耳鄭大夫與往非使也為先歸張本楚子救鄭司馬將中軍子反令尹將左子重右尹子辛將右公子壬夫過申子反入見申叔時叔時老在申曰師其何如對

見申叔時在申曰師其何如對
曰德刑詳義礼信戰之器也器猶用也
德以施惠刑以正邪詳以事神義
以建利礼以順時信以守物民生
厚而德正財足則思無邪用利而事節動不失利則事得其節時順而物成羣生得所上下

得其節　時順而物成〔得所〕上下

和睦周旋不逆〔動順理〕求無不具〔應對之〕

上各知其極〔無二心〕故詩曰立我烝

民莫匪爾極〔烝衆也極中也詩頌言先王立其衆民無

不得中正〕是以神降之福時無災害民

生敦厖和同以聽〔敦厚厖大也〕莫不盡

力以從上命致死以補其闕

生敦厖莫邦反和同以聽大也莫不盡

力以從上命致死以補其闕戰死者

此戰之所由克也今楚內棄其民

不施惠而外絕其好呼報反義不建利瀆徒木反齊盟不祥

事神而食話戶快反言信不守物奸方干反本或作干時以動礼不順時

也周四月今二月妨農業而疲方皮反本亦作罷下注同民以逞刑不正邪而苟

快

之所好服意……邪而苟

快意民不知信進退罪也人恤所厎

揖有後字

其誰致死厎至也子其勉之吾不復

見子矣言其必敗不反姚句耳先歸子駟

問焉對曰其行速過險而不整速

喪列反下多　息浪

則失志不思慮也不整喪列志失列喪

將何以戰楚懼不可用也五月晉
師濟河聞楚師將至范文子欲反
曰我僞逃楚可以紓憂紓緩也夫合
諸侯非吾所能也以遺能者我若
退羣臣輯睦以事君多矣武子曰

退羣臣輯睦以事君多矣武子曰

不可六月晉楚遇於鄢陵范文子

不欲戰郤至曰韓之戰惠公不振

旅衆散敗也在僖十五年箕之役先軫不反

命死於狄也在僖三十三年邲之師荀伯不復

從荀林父奔走不復故道在宣十二年皆晉之恥也

見先君成

避

□故道在宣十二年……
子亦見先君之事矣見先君成敗之事今
我辟楚又益恥也文子曰吾先君
之亟戰也有故也數秦狄齊楚皆
彊不盡力子孫將弱今三彊服矣
齊秦狄敵楚而已唯聖人能外內無

驕亢 苦浪反

秋……

患自非聖人外寧必有內憂驕亢苦浪反則憂

患生也盍戶臘反釋楚以為外懼乎甲午晦

楚晨壓於甲反徐於輒反晉軍而陳直覲反下及注皆同壓笮側伯反其未備軍吏患

之范匄本又作丐古害反趨進匄士燮子曰塞井夷竈陳

於軍中而疏行首疏行首者當陳前決開營壘力軌反為

戰……卜

於軍中而疏行首疏行首者當陳前決開營壘爲戰道

晉楚唯天所授何患焉文子執

戈逐之曰國之存亡天也童子何

知焉欒書曰楚師輕窕固壘而待

之三日必退退而擊之必獲勝焉

郤至曰楚有六間不可失也其二

卿相惡惡烏路反子重王卒以舊罷老

許驕反徐讀曰囂五高反注及後同
譁喧本下
喧譁本下

郤至曰楚有六間不可失也其二
卿相惡子重子反如字又烏路反王卒以舊子忽反下皆同罷老不代鄭陳
而不整不整列蠻軍而不陳蠻夷從楚者不
結陳陳不違晦〻月終陰之盡故兵家以為忌在陳
而囂〻喧譁也合而加囂陳合宜靜而益有聲各
顧其後莫有鬭心人恤其所匱舊不必

諠況元反本又作喧
譁[illegible]本又作嘩
說文作

顧其後莫有鬬心舊不必良以犯天忌我必克之楚子登巢車以望晉軍巢車車上為櫓子重使大宰伯州犂侍于王後州犂晉伯宗子前年奔楚王曰騁而左右何也騁走也曰召軍吏也皆聚於中軍矣曰合謀也張幕

也皆聚於中軍矣曰合謀也張幕
矣曰虔卜於先君也虔敬也徹幕矣
曰將發命也甚囂且塵上矣曰將
塞井夷竈而為行也夷平也皆乘矣
左右執兵而下矣曰聽誓也左將帥右
車右
戰乎曰未可知也乘而左右皆

右戰乎曰未可知也乘而左右皆

下矣曰戰禱也［禱請於鬼神］伯州犁以

公卒告王［公晉侯］苗賁皇在晉侯之

側亦以王卒告［賁皇楚鬬椒子宣四年奔晉］皆

曰國士在且厚不可當也［晉侯左右皆以

伯州犁在楚知晉之情且謂楚

衆多故憚合戰與苗賁皇意異苗］

賁皇言於晉侯曰

衆多故僤合戰與苗賁皇意異苗
賁皇言於晉侯曰楚之良在其左
右中軍王族而已請分良以擊其
左右而三軍萃於王卒必大
萃集也
敗之公筮之史曰吉其卦遇復䷗
震下坤上　曰南國蹙射其元王中
復無變
此卜者辭也復陽長之卦陽

復無變　[illegible]曰南國蹙[illegible]

厥目　此卜者辭也復陽長之卦陽氣起子南行推陰故曰南國

（蹙　子六反　射　食亦反注及下一之同　中　丁仲反注ろ）

蹙也南國勢蹙則離受其咎離為諸侯又為日陽氣激（古狄反）南飛矢之象故曰射其元王中厥目　國蹙王傷不敗何待

公從之　從其言而戰　有淖於前　淖泥也（乃孝反徐徒較反）　乃皆左右相違於淖　違避也　步毅御晉

厲公欒鍼為右　步毅即[illegible]弟[illegible]

皆左右和還方汋也步毅御晉
厲公欒鍼為右步毅即郤毅彭名御楚
共王潘黨為右石首御鄭成公唐
苟為右欒范以其族夾公行二族强故
在公左右陷於淖欒書將載晉侯鍼曰
書退國有大任焉得專之在君前故子名
且又大任謂[illegible]載公為

書退國有大任焉得專之故子若

其父大任謂元帥之職

且侵官冒也　於慶反

載公為侵官　莫報反徐莫北反　得官

失官慢也

去將而御失官也

離局姦也　力智反注同

遠其部曲為離局　千萬反

有三罪焉不可犯也乃掀

徐許言反云捧轂舉之則公軒起也一曰掀引也胡根反一音虛行反字林云舉出火氣也又丑延反

公以出於淖　乃孝反

掀舉也

癸巳潘尫之黨

尫烏黃反之黨一本作潘尫之子黨案注云黨潘尫之子也則傳文不得有子字古本此及前襄二十三年申鮮虞之傳並皆无子字

與養由基蹲甲而射之　在尊反徐又在損反聚也一云又官反

徹七札焉　側八反徐側乙反

黨潘尫之子蹲聚也一發

與養由基蹲甲而射之徹七札焉〔在尊反又徐又在損反聚也一云大官反〕〔側又徐側乙反〕

黨潘尫之。蹲聚也一發達七札言其能陷堅以示王曰

君有二臣如此何憂於戰二子以射夸王〔苦依反〕

王怒曰大辱國賤其不尚知謀詰朝爾射

死藝言女以射自侈必當以藝死也詰朝猶明朝是戰日呂

錡夢射月中之退入於泥呂錡魏錡占

……周……姬……

錡夢射月中之退入於泥魏錡占

之曰姬姓日也周世姬姓尊異姓月也

異姓卑必楚王也射而中之退入於

泥亦必死矣錡自入泥亦死象及戰射共

王中目王召養由基與之兩矢使

射呂錡中項伏弢弢他刀反弓衣也以一矢復

項戸講反

言一發

項伏弢弓衣也以一矢復
命言一發而中郤至三遇楚子之卒見
楚子必下免冑而趨風疾如風楚子
使工尹襄問之以弓問遺也曰方事
之殷也殷盛也有韎韋之跗注君子
也韎赤色跗注戎服若袴而屬於跗與袴連識見不穀
恐其

也袴而屬於跗與袴連言

而趨無乃傷乎傷恐其郤至見客免

冑承命曰君之外臣至從寡君之

戎事以君之靈間蒙甲冑間猶近也不

敢拜命介者不拜敢告不寧君命之辱

以君辱賜命故不敢自安為執事之故敢肅使

言告辱命來問以有軍不得

脹之靈威也

為事于偽反

猶近一本或作與音預

肅使所吏反下同

故不敢自安[illegible]

者言君辱命来問以有軍事不得荅命故肅使者肅手不至地若今撎伊志反揖也字林云舉首下手也三肅使者而退晉韓厥從鄭伯從逐也其御杜溷羅曰速從之其御屢顧不在馬可及也韓厥曰不可以再辱國君乃上二年鞌戰韓厥已辱齊侯郤

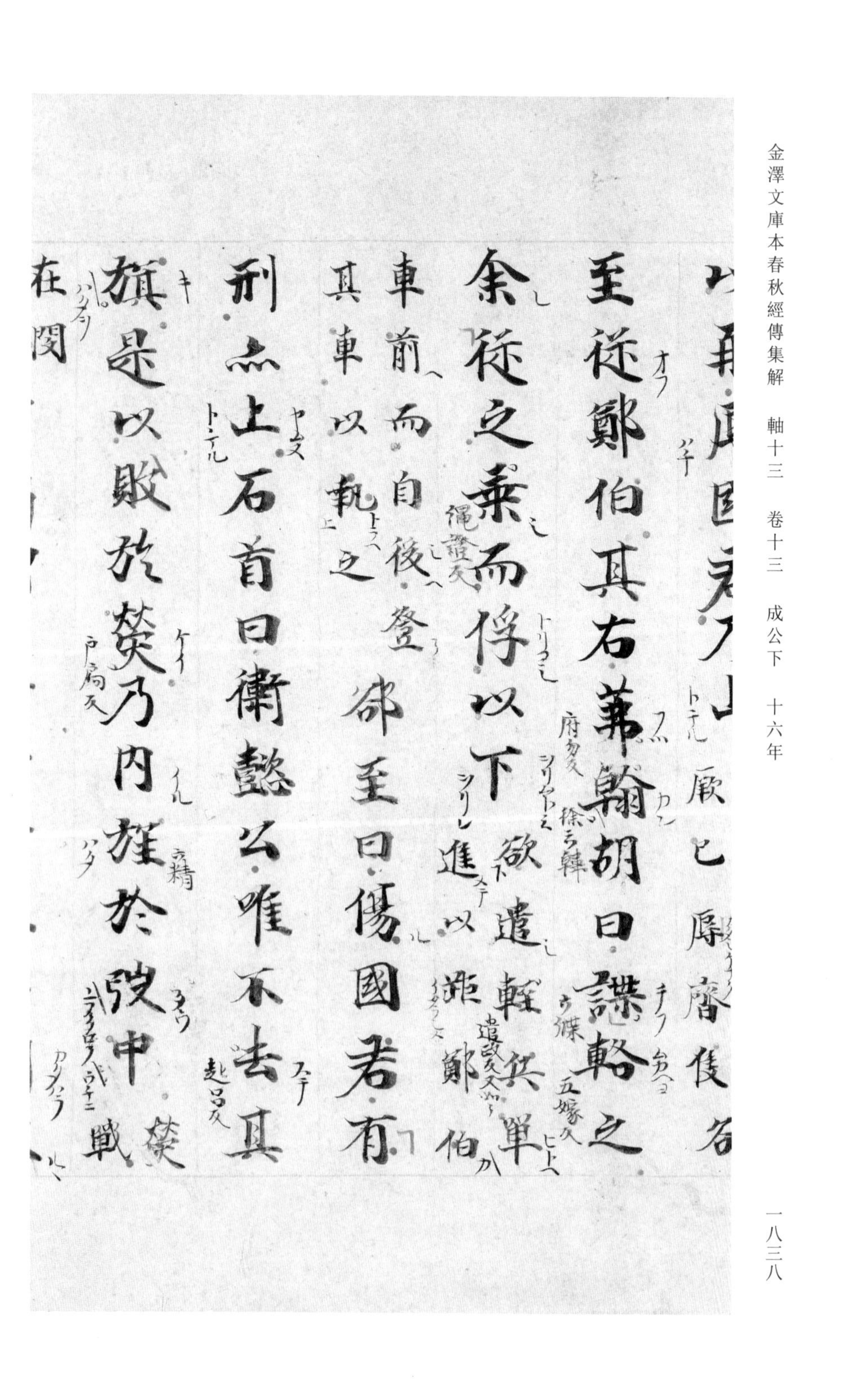

以再辱國君乃止厥已辱齊侯故

至從鄭伯其右茀翰胡曰諜輅之

余從之乘而俘以下欲遣輕兵單進以距鄭伯

車前而自後登其車以執之郤至曰傷國君有

刑亦止石首曰衛懿公唯不去其

旗是以敗於熒乃內旌於弢中熒戰

在閔

於是[illegible]戰
在閔
二年
唐苟謂石首曰子在君側敗
者壹大我不如子〻以君免請我
上乃死
敗者壹大謂單大崩也言
石首亦君之親臣而執御
與車右不同故石首當楚師薄於
御者以退已當死〻戰
險也
薄迫
叔山冉謂養由基曰雖君

險也　叔山冉如琰反謂養由基曰雖君
有命為國故子必射王有死藝命乃射
再發盡殪叔山冉搏人以投中車
折軾晉師乃止言二子皆有過人之能囚楚
公子茷扶廢反為郤至見諸張本蘗鍼見子重之
旌請曰楚人謂夫旌子重之麾也

旌請曰楚人謂夫旌子重之麾也許危反
彼其子重也日人實反臣之使所吏反下同於楚也子
重問晉國之勇臣對曰好呼報反下及注皆同以衆整
曰又何如又問其餘臣對曰好以暇閒
暇今兩國治戎行人不使所吏反又如字不可謂
整臨事而食言不可謂暇食好整之言
請攝飲焉攝持也持飲

請攝飲焉攝持也持飲往飲子重公許之使
行人執榼承飲造于子重承奉也曰
寡君乏使使鍼御持矛御侍也是以
不得犒從者使某攝飲子重曰夫
子嘗與吾言於楚必是故也不亦

子嘗與吾言於楚必是故也不亦
識乎知其以往言好暇故致飲受而飲之免使
者而復鼓免脫也扶又反注及下同旦而戰見星未已
子反命軍吏察夷傷夷亦傷也補卒乘補死繩證反下同
繕甲兵繕治也展車馬展陳也雞鳴而
食唯命是聽復欲戰晉人患之苗賁

食唯命是聽晉人患之苗賁
皇徇曰蒐乘補卒蒐閱也秣馬利兵
秣穀馬也脩陳固列固堅也蓐食申禱申重
也明日復戰乃逸楚囚逸縱也王聞
之召子反謀穀陽豎獻飲於子ミ
反ミ醉而不能見穀陽子反內豎王曰天

王獸宵遁行

前……反内豎……

晉入楚軍三日穀行

敗楚也夫余不可以待乃宵遁晉

三日穀　本式作三日館穀誤也

入楚軍三日館穀 食楚粟三日也 范文子

君幼　本式作君幼弱

立於戎馬之前曰君幼弱諸臣不

佞〻才也 何以及此君其戒之 戒勿驕

周書曰惟命不于常有德之謂 周書

康誥言勝無常……之……楚

周書曰惟命不于常有德之謂書康誥言勝無常命惟德是與楚師還及瑕楚地王使謂子反曰先大夫之覆師徒者君不在謂子玉敗城濮時王不在軍子無以爲過不穀之罪也子反再拜稽首曰君賜臣死死且不朽王引過所以責子反

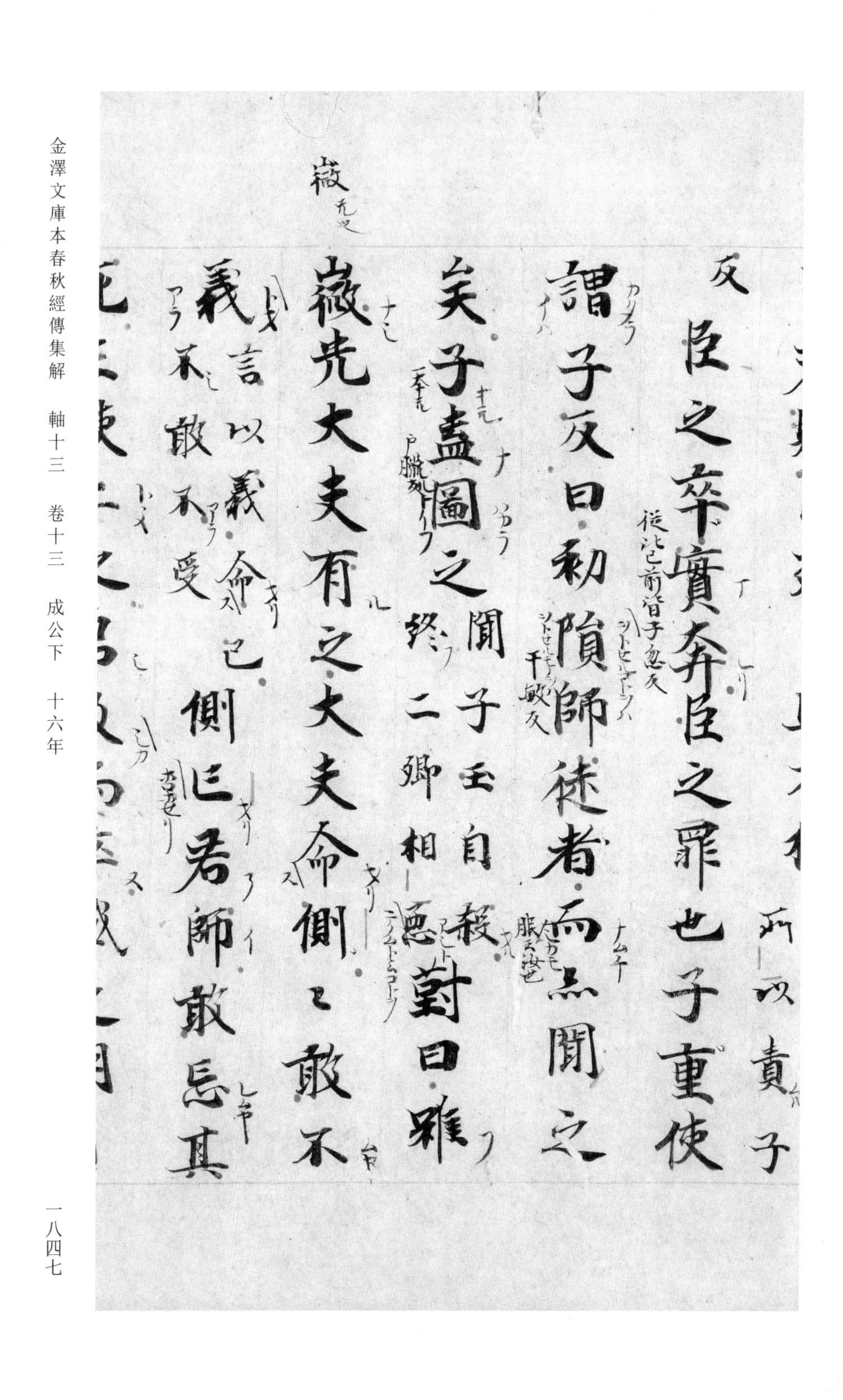

所以責子反

臣之卒實奔臣之罪也子重使謂子反曰初隕師徒者而亦聞之矣子盍圖之聞子重自殺終二卿相惡對曰雖微先大夫有之大夫命側側敢不義言以義命己義不敢不受側亡君師敢忘其

義不敢不受　側亡君師敢忘其
死王使止之弗及而卒戰之明日
齊國佐高無咎至于師（無咎高　國子）衛
侯出于衛公出于壞隤（壞隤魯邑　齊衛皆後
非獨魯明晉以　僑如故不見公）宣伯通於穆姜（穆　姜
成公　母）欲去季孟而取其室（季文子　孟獻子）

母

欲去季孟而取其室（孟獻子）

將行穆姜送公而使逐二子公以

晉難告（會晉伐鄭）曰請反而聽命姜怒

公子偃公子鉏趨而過（二子公庶弟）指

之曰女不可是皆君也（言欲廢公更立君）

公待於壞隤申宮儆備（申勅宮備）設守

而後行是以後（晉楚

公待於壞隤申宮儆京領反備設守手又反

而後行是以後晉楚戰期使孟獻子

守于公宮秋會于沙隨謀伐鄭也

鄭猶未服宣伯使告郤犨曰魯侯待于

壞隤以待勝者觀晉楚之勝負郤犨將新

軍且為公族大夫以主東諸侯主齊

魯之

軍且爲公族大夫以主東諸侯　啓

魯之取貨于宣伯而訴公于晉侯

屬

許諾

也　晉侯不見公曹人請于晉曰

自我先君宣公即世在十國人曰

三年

若之何憂猶未弭息也既葬國

人皆將從子臧

所謂憂　前年晉侯

而又討我寡君執曹伯

未息

未息。而又討我寡君，執曹伯，以亂曹國社稷之鎮公子，謂子臧，逃奔宋。是大泯曹也。泯，滅。先君無乃有罪乎。言今君無罪而見討。若有罪，則君列諸會矣。諸侯雖有篡弒之罪，侯伯已與之會，則不討。前年會于戚，曹伯在列盟。君唯不遺德刑，以伯諸侯，豈獨遺諸敝邑。敢私布之。

泯，亡忍反，徐亡軫反，滅也。篡，初患反。弒，音試。

畢乃執之故曹人以為無罪矣
唯不遺德刑遺失也以伯諸侯豈獨
遺諸敝邑敢私布之為曹伯歸不以名告傳
七月公會尹武公及諸侯伐鄭將
行姜又命公如初彼欲使公逐季孟公又
申守而行諸侯之師次于鄭西我
師次于督揚不敢過鄭督揚鄭子

申守而行諸侯之師次于鄭西我
師次于督揚不敢過鄭督揚鄭東地子
叔聲伯使叔孫豹請逆于晉師豹叔
孫僑如弟也僑如於是遂作乱豹曰奔齊為食於鄭郊
師逆以至聲伯戒叔孫以須所逆晉師至乃食聲
伯四日不食以待之食使者使者豹之
介……言其……

而後食
一本作聲
伯而後食

介聲伯而後食言其忠也諸侯遷于制田滎陽宛陵縣東有制澤知武子佐下軍武子荀罃以諸侯之師侵陳至于鳴鹿陳國武平縣西南有鹿邑遂侵蔡未反侵陳蔡不書公不與諸侯遷于潁上戊午鄭子罕宵軍

諸侯遷于潁上戊午鄭子罕宵軍（服云夜軍言夜往擊其軍）
之宋齊衛皆失軍（將與軍相失宋衛不書後也）
曹人復請于晉晉侯謂子臧反吾
歸而君（以曹人重子臧故）子臧反曹伯歸（子臧自
宋還）子臧盡致其邑與卿而不
出（不出仕）宣伯使告郤犨曰魯之有

出仕　宣伯使告郤犨曰魯之有

季孟猶晉之有欒范也政令於是

乎成今其謀曰晉政多門不可從

也政不由若寧事齊楚有亡而已蔑從

晉矣蔑無也若欲得志於魯請上行

父而殺之行父季文子也我斃蔑也蔑孟獻子

時留守

時留守而事晉蔑有貳矣魯不貳公宮小國必睦不然歸必叛矣九月晉人執季文子于苕丘公還待于鄆〻魯西邑東郡廩丘縣東有鄆城使子叔聲伯請季孫于晉郤犨曰苟去仲孫蔑而

季孫于晉郤犨曰苟去仲孫蔑而
止季孫行父吾與子國親於公室
親魯甚於晉公室　對曰僑如之情子必聞
之矣　聞其淫慝之情　若去蔑與行父是大
棄魯國而罪寡君也若猶不棄而
惠徼周公之福使寡君得事晉君
則夫二人者魯國社稷之

惠徼周公之福使寡君得事晉君則夫二人者魯國社稷之臣也若朝亡之魯必夕亡以魯之密邇仇讎（仇讎謂齊楚）亡而為讎治之何及（言魯屬齊楚則還為晉讎）郤犨曰吾為子請邑對曰嬰齊魯之常隸也（隸賤官）敢介大

曰嬰齊魯之常隸也 官 敢介大

國以求厚焉 介因也 承寡君之命以

請 承奉也 若得所請吾子之賜多矣

又何求范文子謂欒武子曰季孫

於魯相二君矣 息亮反 二君宣成 妾不衣帛 於既反 馬

不食粟可不謂忠乎信讒慝 吐得反 而棄

僑如ヲ對上句應作𠎝音

不食粟可不謂忠乎信讒慝而棄 慝吐得反
忠良若諸侯何子叔嬰齊奉君命
無私不受郤犨請也謀國家不貳謂四日不食以
堅事晉圖其身不忘其君辟邑不食皆先君而
後身若虛其請是棄善人也子其圖
之乃許魯平赦季孫冬十月出叔
孫僑如而盟之……諸大夫

之乃許魯平赦季孫冬十月出叔
孫僑如而盟之僑如奔齊諸大夫共盟以
僑如為戒十二月季孫及郤犫盟于扈
歸刺公子偃偃與鉏俱為姜所指而獨殺偃偃與謀
召叔孫豹于齊而立之迎此七月聲伯使豹
請逆於晉聞魯人將討僑如豹乃
辟其難先奔齊生二子而魯乃召
之故襄二年豹始見經

避

避

徐音猶閒之閒讀者或如字

辟其難先奔齊生二子而魯乃召之故襄二年豹始見經傳於此曰言其終齊聲孟子通僑如聲孟子齊靈公母宋女使立於高國之間位比二卿僑如曰不可以再罪奔衛亦間於卿傳亦終言僑如之佞晉侯使郤至獻楚捷于周與單襄公語驟稱其

獻楚捷于周與單襄公語驟稱其

伐功也單子語諸大夫曰溫季其

亡乎溫季郤至位於七人之下佐新軍位在八

而求掩其上稱己之伐掩上功怨之所聚

亂之本也多怨而階亂何以在位

怨為亂階夏書曰怨豈在明不見是圖

逸書也不[illegible]

乱階夏書曰怨豈在明不見是圖

逸書也不見細微也將慎其細也今而明之

其可乎言郤至顯稱己功所以明怨咎（本或作咎怨）

經十有七年春衛北宮括（古活反）帥師侵鄭

括成公曾孫

夏公會尹子單子晉侯齊

侯宋公衛侯曹伯邾人伐鄭晉未能服

鄭故假天子威周使二卿會之晉

鄭故假天子威周使二卿會之晉
為兵主而猶先尹單。王命也單伯
稱子蓋
降爵　六月乙酉同盟于柯陵
鄭西地　秋八月公至自會無傳齊高無
咎出奔莒九月辛丑用郊無傳九月郊
祭非礼明矣書
用郊從史文　晉侯使荀罃來乞
無傳將

用郊従史文

師無傳将伐鄭冬公會單子晉侯宋公

衛侯曹伯齊人邾人伐鄭猶未服故

十有一月公至自伐鄭傳無壬申公

孫嬰齊卒于貍脤十一月無壬申日誤也貍脤地

闕

十有二月丁巳朔日有食之無傳

十有二月丁巳朔日有食之傳

邾子貜（俱縛反徐居碧反）且（子餘反）卒無傳五同盟晉殺其大夫

郤錡郤犨郤至楚人滅舒庸

貜

傳

十七年春王正月鄭子駟侵晉虛（起居反）

滑（虛滑晉二邑滑故滑國為秦所滅時屬晉後屬周）衛北

宮括救晉侵鄭至于高氏（不書救以侵告）

高氏在陽

宮括救晉侵鄭至于高氏以侵告

高氏在陽翟縣西南

夏五月鄭太子髡頑侯獳為質於楚侯獳鄭大夫楚公子成公子寅戍鄭公會尹武公單襄公及諸侯伐鄭自戲童至于曲洧曲洧今新汲縣治曲洧城臨洧水

晉厲公無道范文子禱而卒于小

晉范文子反自鄢陵前年鄢陵

使其祝宗祈死祝宗主祭

臨洧水　晉范文子反自[illegible]

鄢陵戰還使其祝宗祈死祝宗主祭祀祈禱者曰

君驕侈而克敵是天益其疾也難

將作矣愛我者唯祝我使我速死

無及於難范氏之福也六月戊辰

士燮卒傳言厲公無道故賢臣憂懼自禱自裁乙酉

十七年　賢臣憂懼曰禱自裁

同盟于柯陵尋戚之盟也　戚盟在十五年

楚子重救鄭師于首止諸侯還　畏楚強

齊慶克通于聲孟子與婦人蒙

衣乘輦而入于閎　慶克慶封父蒙衣亦為婦人服

與婦人相冒閎巷門　鮑牽見之以告國武子

鮑牽鮑

武子召慶克而謂之

閎巷門鮑牽見之以告國武子

鮑牽鮑叔牙曾孫武子召慶克而謂之慶克

久不出歎臥於家夫人所以怪之而告夫人曰

國子謫我謫譴責也夫人怒國子相靈

公以會伐鄭高鮑處守高無咎鮑牽及

還將至閉門而索客蒐索備姦人孟子

訴之曰高鮑將不內君而立公子

還將至閉門而索客　姦人　孟子

訴之曰高鮑將不納君而立公子

角國子知之　角頃公子　秋七月壬寅刖

鮑牽而逐高無咎無咎奔莒高弱

以盧叛　弱無咎子盧高氏邑　齊人來召鮑國

而立之　國牽之弟文子　初鮑國去鮑氏而

而立　弟文子初鮑國去鮑氏而

來為施孝叔臣施氏卜宰匡句須

吉卜立家宰施氏之宰有百室之邑與

匡句須邑使為宰以讓鮑國而致

邑焉施孝叔曰子實吉對曰能與

忠良吉孰大焉鮑國相施氏忠故

鮑莊子智不如葵

齊人取以為鮑氏後仲尼曰鮑莊

鮑莊子智不如葵

向　許亮反　本亦作嚮

孫

忠良吉孰大焉鮑國相施氏忠故

齊人取以為鮑氏後仲尼曰鮑莊

子之知不如葵ゝ猶能衛其足葵傾

葉向日以蔽其根言鮑

牽居亂不能危行言遜冬諸侯伐

鄭前年叓未得志故十月庚午圍鄭楚公子

申救鄭師于汝上十一月諸侯還

不書圍畏楚救……

聲伯夢泣爲瓊瑰盈懷亡

在裏

本洛下樂　玉縣同

清 才下 清

申救鄭師于汝上十一月諸侯還

不書圍畏楚救　初聲伯夢涉洹水

洹一本作恒今土俗云袁

不成圍而還

出汲郡林慮縣東北至　或與己瓊

魏郡長樂縣入清水

瓊求營反

瑰食之　瓊玉瑰珠也

瑰古回反

食珠玉含象　泣而爲瓊瑰

含户暗反本亦作啥

盈其懷　淚下化爲珠　從而歌之曰

玉滿其懷

濟洹之水贈我以瓊瑰歸乎歸乎

濟洹之水贈我以瓊瑰歸〻乎〻
瓊瑰盈吾懷乎從就也夢中為此歌懼不敢
占也還自鄭壬申至于貍脤而占
之曰余恐死故不敢占也今衆繁
而從余三年矣而無傷也言之
莫而卒繁猶多也成數占夢傳齊侯使崔杼
為大夫使慶克佐之帥師圍盧

莫而卒成數占夢齊侯使崔杼
為大夫使慶克佐之帥師圍盧討高
弱國佐從諸侯圍鄭以難請而歸
請於諸侯遂如盧師殺慶克以穀叛疾克
淫亂故殺之齊侯與之盟之盟于徐關
而復之十二月盧降使國勝告難
于晉待命于清勝國佐子使以高

于晉待命于清滕國佐子使以高氏難告晉晉欲討

國佐故留其子於外外清陽平樂乎縣是爲明年殺國佐傳

晉厲公侈多外嬖外嬖愛幸大夫反自鄢陵欲

盡去羣大夫而立其左右終如士燮言

胥童以胥克之廢也怨郤氏童胥克之

反自鄢一本文作自鄢陵

童以胥克之廢也怨郤氏克之

子宣八年郤缺廢胥克而嬖於厲公郤錡奪

夷陽五田五亦嬖於厲公郤犨與

長魚矯爭田執而桔之桔械也與其

父母妻子同一轅繫之車轅既矯亦嬖

於厲公欒書怨郤至以其不從已

而敗楚師也欲廢之

於厲公欒書怨郤至以其不從己而敗楚師也欲廢之鄢陵戰欒書欲固壘郤至言楚有六間以取勝也使楚公子茷告公曰此戰也郤至實召寡君鄢陵戰晉囚公子茷以歸以東師之未至也齊魯衛之師與軍帥之不具也曰此必敗荀罃佐下軍居守郤犫將新軍乞

自□之上也以□□駟軍居守郤犨將新軍乞師故言不具吾因奉孫周以事君孫周晉襄公曾孫悼公君楚王也公告欒書書曰其有焉不然豈其死之不恤而受敵使乎謂鄢陵戰時楚子問郤至以弓君盍嘗使諸周而察之嘗試也郤至聘于周欒

□□□□□□□□覘伺

詣周而察之也　郤至聘于周[illegible]

書使孫周見之公使覘之信　覘伺也

遂怨郤至　厲公田與婦人先殺而

飲酒後使大夫殺　傳言厲公無道先婦人而後卿

佐　郤至奉豕進之寺人孟張奪之

寺人奄士　郤至射而殺之公曰季子欺

季子郤至公反以

奄士郤至射而殺之公曰季子欺

余季子郤至公反以為郤至奪孟張豕厲公將作難

胥童曰必先三郤族大多怨去大

族不偪不偪公室敵多怨有庸討多怨者易有

功公曰然郤氏聞之郤錡欲攻公

曰雖死君必危郤至曰人所以立

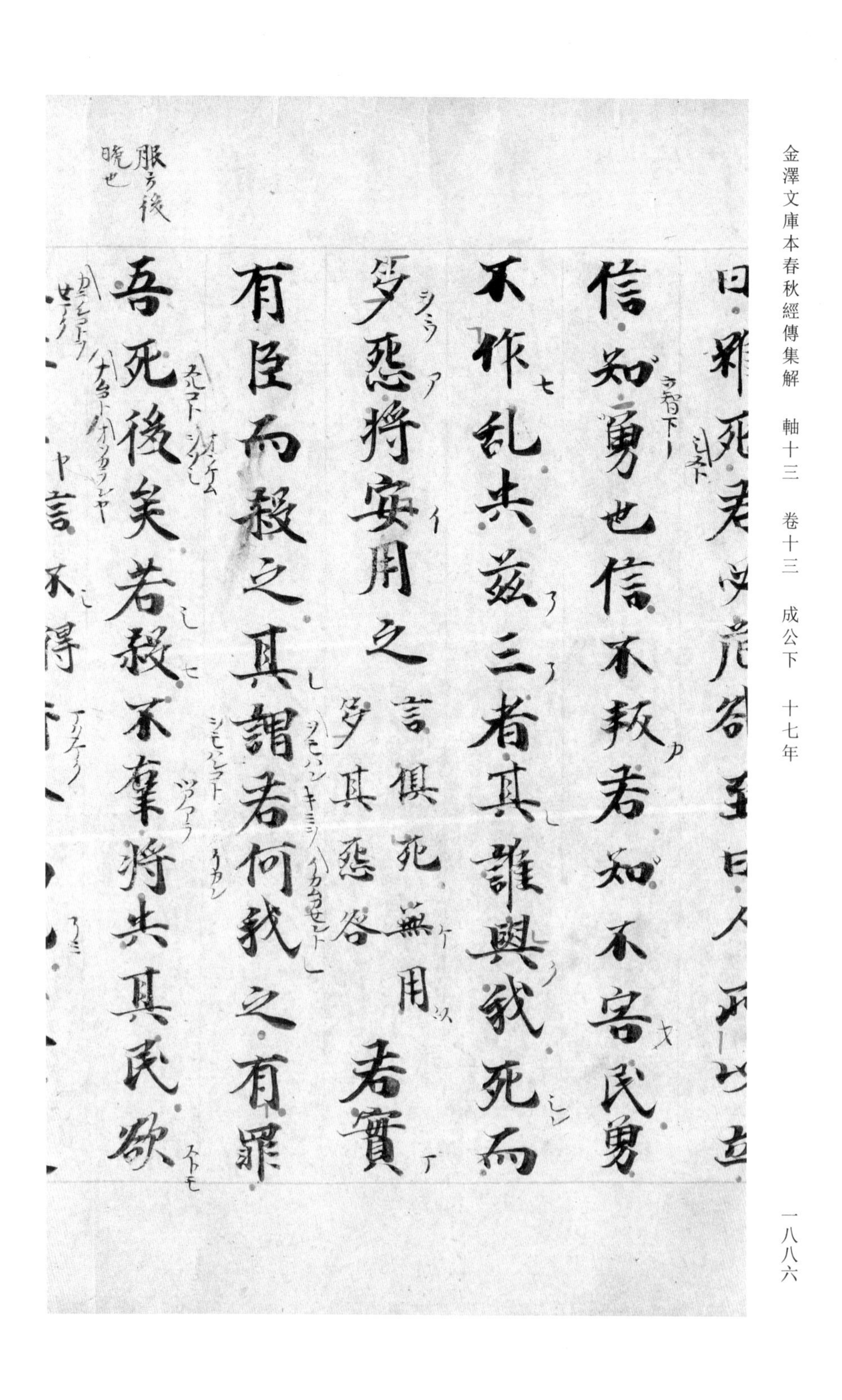

服云後晩也

曰雖死君必危郤至曰人所以立
信知勇也信不叛君知不害民勇
不作乱失茲三者其誰與我死而
多怨將安用之言俱死無用多其怨咎君實
有臣而殺之其謂君何我之有罪
吾死後矣若殺不辜將失其民欲
言不得

吾死後矣若殺不辜將失其民欲
安得乎言不得安君位待命而已受君之
祿是以聚黨有黨而爭命爭死罪
孰大焉傳言郤至無反心壬午胥童夷羊
五帥甲八百將攻郤氏八百人長魚
矯請無用衆公使清沸魋助之沸魋

謝樹 宇義作

矣言[illegible]魋

亦嬖人 抽戈結衽 衽裳際 而偽訟者 偽與清沸魋訟 三郤將謀於榭 榭講武堂 矯以戈殺駒伯苦成叔於其位 位所坐處也駒伯郤錡苦成叔郤犨 溫季曰逃威也遂趨 郤至本意欲稟君命而死令矯等不以君命而来故欲逃去賊為害故曰威言可畏也或曰[illegible]

藏

而來故欲逃去賊爲害故曰威言
可畏也或曰矯及諸其車以戈殺
威當爲臧
之皆尸諸朝陳其尸於朝胥童以甲劫
欒書中行偃於朝矯曰不殺二子
憂必及君公曰一朝而尸三卿余
不忍益也對曰人將忍君人謂書與偃

正义一朝謂一旦也晉語說此事一旦而尸三卿吾羞也

臣聞亂在外爲姦在

臣聞乱在外為姦在内為軌御姦
以德德遠綏御軌以刑刑近治不施而
殺不可謂德臣偪而不討不可謂
刑德刑不立姦軌並至臣請行遂
出奔狄也行去公使辭於二子書與辭謝

[illegible]也　[illegible]之[illegible]書與

偃曰寡人有討於郤氏郤氏既伏

其辜矣大夫無辱其復職位　胥童劫而

執之故云辱　皆再拜稽首曰君討有罪

而免臣於死君之惠也二臣雖死

敢忘君德乃皆歸公使胥童為卿

公遊于匠麗氏　匠麗嬖大夫家　欒書中行

敢忘君德乃皆歸公使胥童爲卿

公遊于匠麗氏匠麗嬖大夫家欒書中行偃遂執公焉召士匄〻〻辭召韓厥〻〻辭曰昔吾畜於趙氏孟姬之讒吾能違兵畜養也違去也韓厥少爲詩照反趙盾所侍養及孟姬之乱晉將討趙氏而厥法其兵亦不與黨言此者明己無所偏助

趙氏而厥去其兵不不與黨言此
者明已無偏助古人有言曰殺老
孟姬乱在八年
牛莫之敢尸而況君乎二三子不
能事君焉用厥也尸主
也舒庸人以
楚師之敗也敗於鄢陵舒
庸東夷國道吳人
圍巢伐駕圍釐虺巢駕釐虺
楚四邑遂恃

圍巢伐駕圍釐虺楚四邑遂侍
吴而不設備楚公子㯨師師襲舒
庸戚之閏月乙卯晦欒書中行偃
殺胥童以其劫（已叛）民不與郤氏胥童
道君為亂故皆書曰晉殺其大夫
厲公以私欲殺三郤而三郤死不
以無罪書之偃以家怨害胥童而
胥童受國討文明郤氏失

以無罪書之、僂以家怨害胥童而
胥童受國討文明郤氏共
民胥童道乱、宜其為國戮
經十有八年春王正月晉殺其大夫
胥童　傳在前年經
在今春從告　庚申晉弑其君
州蒲　不稱臣
君無道　齊殺其大夫國佐　國武
子　公如晉夏楚子鄭伯伐宋〻魚
石復入于彭城　傳例曰以惡入曰

公如晉夏楚子鄭伯伐宋〻魚
石復入于彭城傳例曰以惡入曰
復入也彭城宋邑
今彭城縣公至自晉〻侯使士匄來聘
秋杞伯來朝八月邾子來朝築鹿
囿築墻為鹿苑己丑公薨于路寢冬楚
人鄭人侵宋子重先遣輕軍侵宋
故稱人而不言伐

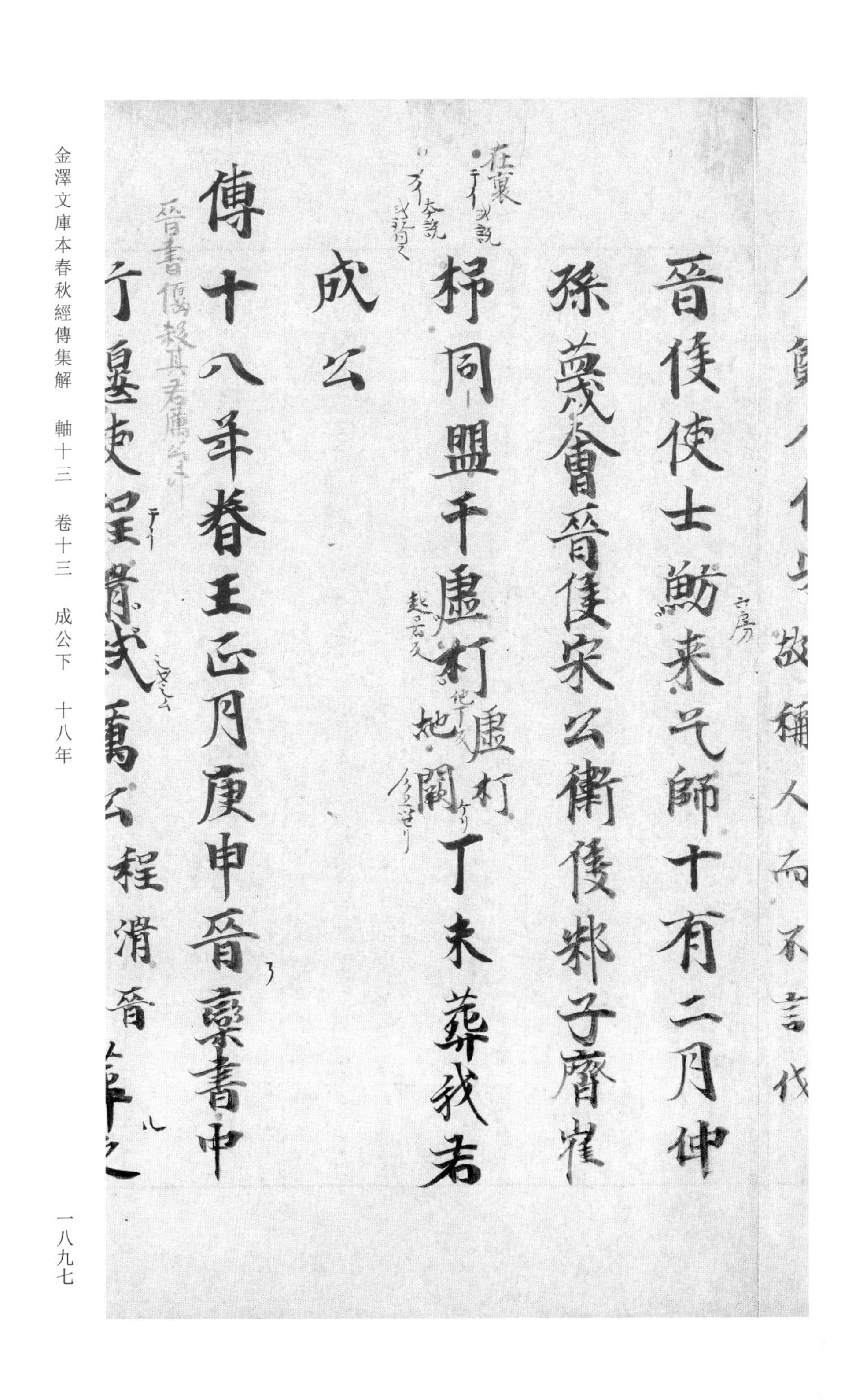

人鄭人伐宋故稱人而不言伐

晉侯使士魴来乞師十有二月仲

孫蔑會晉侯宋公衛侯邾子齊崔

杼同盟于虚朾虚朾地闕丁未葬我君

成公

傳十八年春王正月庚申晉欒書中

行偃使程滑弒厲公程滑晉葬之

傳十八年春王正月庚申晉欒書中行偃使程滑弑厲公程滑晉大夫葬之于翼東門之外以車一乘言不以君礼葬諸侯葬車七乘使荀罃逢周子于京師而立之悼公周生十四年矣大夫逢于清原周子曰孤始願不及此雖及

清原周子曰孤始願不及此雖及此豈非天乎言有抑人之求君使出命也立而不從將安用君二三子用我今日否亦今日共而從君神之所福也傳言其少有才所以能自固對曰羣臣之願也敢不唯命是聽庚午

羣臣之願也，非唯命是聽。庚午

盟而入[與諸大夫盟]館于伯子同氏[晉大夫家館舍也]辛巳朝于武宮[武公曲沃始命君]逐不臣者七人[夷羊五之屬]周子有兄而無慧，不能辨菽麥，故不可立。[菽大豆也。豆麥殊形易別，故以為癡者之候。不慧，蓋世所謂白癡]

齊

癡者之循不惠蓋世所謂白癡齊

為慶氏之難[前年國佐殺慶克]故甲申晦

齊侯使士華免以戈殺國佐于內

宮之朝[華免齊大夫內宮夫人宮]師逃于夫人

之宮[伏兵內宮恐不勝]書曰齊殺其大夫

國佐棄命專殺以穀叛故也[國佐本疾]

淫乱殺慶克齊以是討之嫌其

國佐弃命專殺以穀叛故也本疾
淫乱殺慶克齊以是討之嫌其
罪不及死故傳明言其三罪使
清人殺國勝國佐子前年侍命干清者國弱
来奔弱勝之弟王湫奔萊湫國佐黨慶封為
大夫慶佐為司寇封佐皆慶克之子既齊
侯反國弱使嗣國氏礼也佐之罪不及弱
祀

使及國弱任兩國繼祀也　不及不

祀　二月乙酉朔晉悼公即位于朝

之廟五日而即位也厲公見

弑絶故悼公不以嗣子居喪　始命

百官　始政爲　施舍己責　施恩惠舍勞

逮鰥寡　惠及　振廢滯　起舊　匡乏困

救災患　救也　匡亦　禁淫慝薄賦斂宥罪

戾　宥寛　節器用時用民

救災患救也禁淫慝薄賦斂宥罪戾宥寬也節器用節省也時用民使民以時欲無犯時不縱私欲使魏相士魴魏頡趙武為卿相魏錡子魴士會子頡魏顆子武趙朔子此四人其父祖皆有勞於晉國荀家荀會欒黶韓無忌為公族大夫使訓卿之子弟共

無忌韓

忌為公族大夫使訓卿之子弟共
儉孝弟無忌韓厥子使士渥濁為太傅
使脩范武子之法渥濁士貞子武
子為景公太傅
右行辛為司空使脩士蔿之法
右行曰以為氏為氏士蔿為獻公司空也
弁糾御戎校
正屬焉弁糾欒糾也校正主馬官使訓諸御知
[illegible]戎事尚[illegible]司

正屬焉（校正主馬官）使訓諸御知義（戎事尚節義）荀賓為右司士屬焉（司士車右之官）使訓勇力之士時使（勇力皆車右也勇力多不順命故訓之以共時之使）卿無共御立軍尉以攝之（省卿戎御令軍尉攝御而已）祁奚為中軍尉羊舌職佐之魏絳為司馬

中軍尉羊舌職佐之魏絳為司馬

魏犨子也張老為候奄鐸遏寇為上軍

尉籍偃為之司馬偃籍談父為上軍司馬使

訓卒乘親以聽命相親以聽上命程鄭為

乘馬御六騶屬焉使訓羣騶知礼

程鄭荀氏別族也乘馬御乘車之

僕也六騶六閑之騶周礼諸侯有

六閑馬乘車尚礼容故六

僕也六騶六閑之騶周礼諸侯有六閑馬乘車尚礼容
凡六官之長
故訓羣騶使知礼
皆民譽也
大國三卿晉時置六卿為軍師故惣舉六官則知羣官
舉不失職官不易方
官守非其人無
爵不踰德
量德授爵其業無相踰易
師不陵正
正軍將命卿也師二千五百人之師也旅五百
旅不偪師
人之師也言上下

[illegible]五百人之師也旅五百
人之師也言上下民無謗言所以
有礼不相瀆偪
復霸也　此以上通言悼公所行公
未必皆在即位之年
如晉朝嗣君也夏六月鄭伯侵宋
及曹門外　曹門宋城門
遂會楚子伐宋
取朝郟楚子辛鄭皇辰侵城郜取
[illegible]朝郟城郜幽丘

取朝郟楚子辛鄭皇辰侵城郜取

幽丘同伐彭城朝郟城郜幽丘皆宋邑納宋

魚石向為人鱗朱向帶魚府焉五子

以十五年出奔楚

獨書魚石為帥告以三百乘戍之

而還書曰復入惡其依阻大國以兵威還故書復入

凡去其國國逆而立之曰入謂本無位

紹繼[illegible]

以惡曰復入　本或作惡入曰復入

其國逆而立之曰入無位紹繼而立復其位曰復歸亦國逆諸侯納之曰歸謂諸侯以言語相告請而納之有位無位皆曰歸以惡入曰復入謂身爲戎首稱兵入伐害國殄民者也此四條所以明外內之援辨逆順之辭通君臣取國有家之大例

宋人患之西鉏吾曰何也西鉏吾宋大夫

若楚人與吾同

宋大夫
若楚人與吾同惡以德於我吾固
事之也不敢貳矣惡謂大國無厭
鄙我猶憾言己事之則以我爲鄙
不然而收吾憎使贊其政謂不同惡魚石
而用之以間吾釁亦吾患也今將

使佐政間吾釁吾患也今將

崇諸侯之姦而披其地崇長也謂楚令取彭城以封魚石披猶分也以塞夷庚夷庚吳晉往來之要道楚封魚石於鼓城欲以絕吳晉之道逞姦而攜服毒諸侯而懼吳晉隔吳晉之道故懼攜離也吾庸多矣非吾憂也且事晉何為晉必

恤之言宋常事晉者何

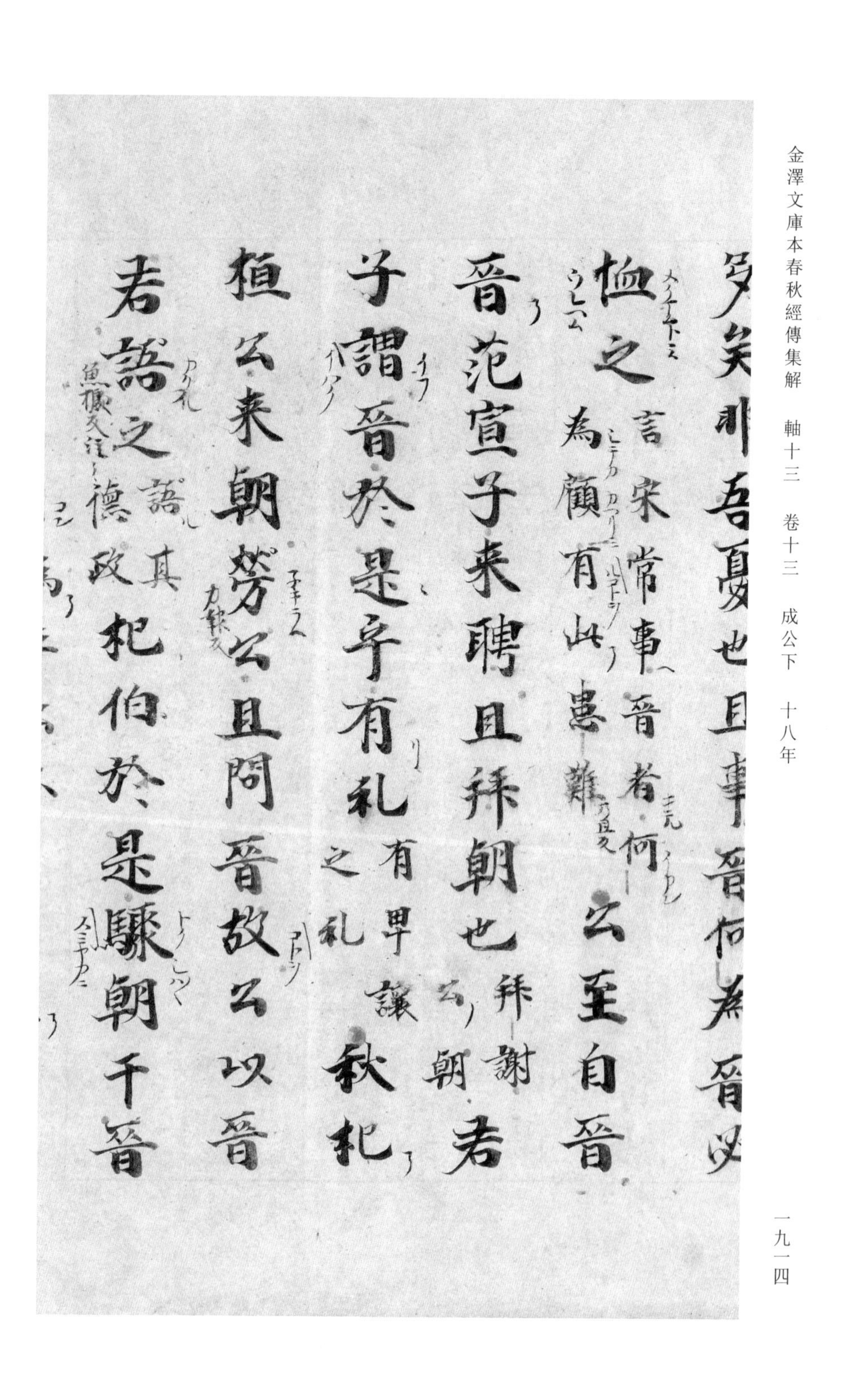

受矣非吾憂也且事晉何爲晉必恤之言宋常事晉者何爲顧有此患難公至自晉晉范宣子來聘且拜朝也拜謝公朝君子謂晉於是乎有礼有卑讓之礼秋杞桓公來朝勞公且問晉故公以晉君語之語其德政杞伯於是驟朝于晉

……言德政杞伯於是驟朝于晉

而請為婚為平公不徹樂張本七月宋老佐

華喜圍彭城老佐卒焉言所以不克彭城

八月邾宣公来朝即位而来見也賢遍反

築鹿囿書不時也非土功時己丑公薨

于路寢言道也在路寢得君薨之道冬十一

成公薨于路寢

……使偏師興

[illegible]之道冬十一
月楚子重救彭城伐宋（使偏師與鄭人侵宋子重為後鎮）宋華元如晉告急韓獻子
為政（於是欒書卒韓厥代將中軍）曰欲求得人
必先勤之（勤恤其急）成霸安彊自宋始
矣晉侯師于台谷以救宋（台谷地闕）遇

于台谷以救宋地闕遇

楚師於靡角之谷楚師還畏晉强也靡角宋地

晉士魴來乞師将救宋季文子問

師數於臧武仲武仲宣叔之子對曰伐鄭

之役知伯實來下軍之佐也知伯荀罃

今彘季亦佐下軍彘季士魴如伐鄭

可也伐鄭在事大國無失班爵而

今彘季亦佐下 士魴 如

可也 伐鄭在十七年 事大國無失班爵而

加敬焉礼也從之 從武仲言 十二月孟

獻子會于虛朾謀救宋也宋人辭

諸侯而請師以圍彭城 不敢煩諸侯故但請

其師為襄元年圍彭城傳 孟獻子請于諸侯而

先歸會葬

年圍許城傳言（ ）之

先歸會葬丁未葬我君成公書順

也

　葬之路寢五月而葬國家安

　靜世適承嗣故曰書順也

春秋卷第十三

本云

本奥云

建長七年九月三日以累葉秘説

奉授洒掃少尹尊閤畢

前参河守清原　在判

本奥云

治承五年正月晦夜授良業別駕了

大外史　在判

建暦二年二月廿日授秘説於仲宣

畢

助教仲隆

明[illegible]仲隆

永久三年五月十七日授家説於仲光了　仲隆

文永第五歳臘月廿五日授申越後次郎尊閤畢

音博士清原

經一覽畢　應永十五年九月八日　山内[illegible]翁

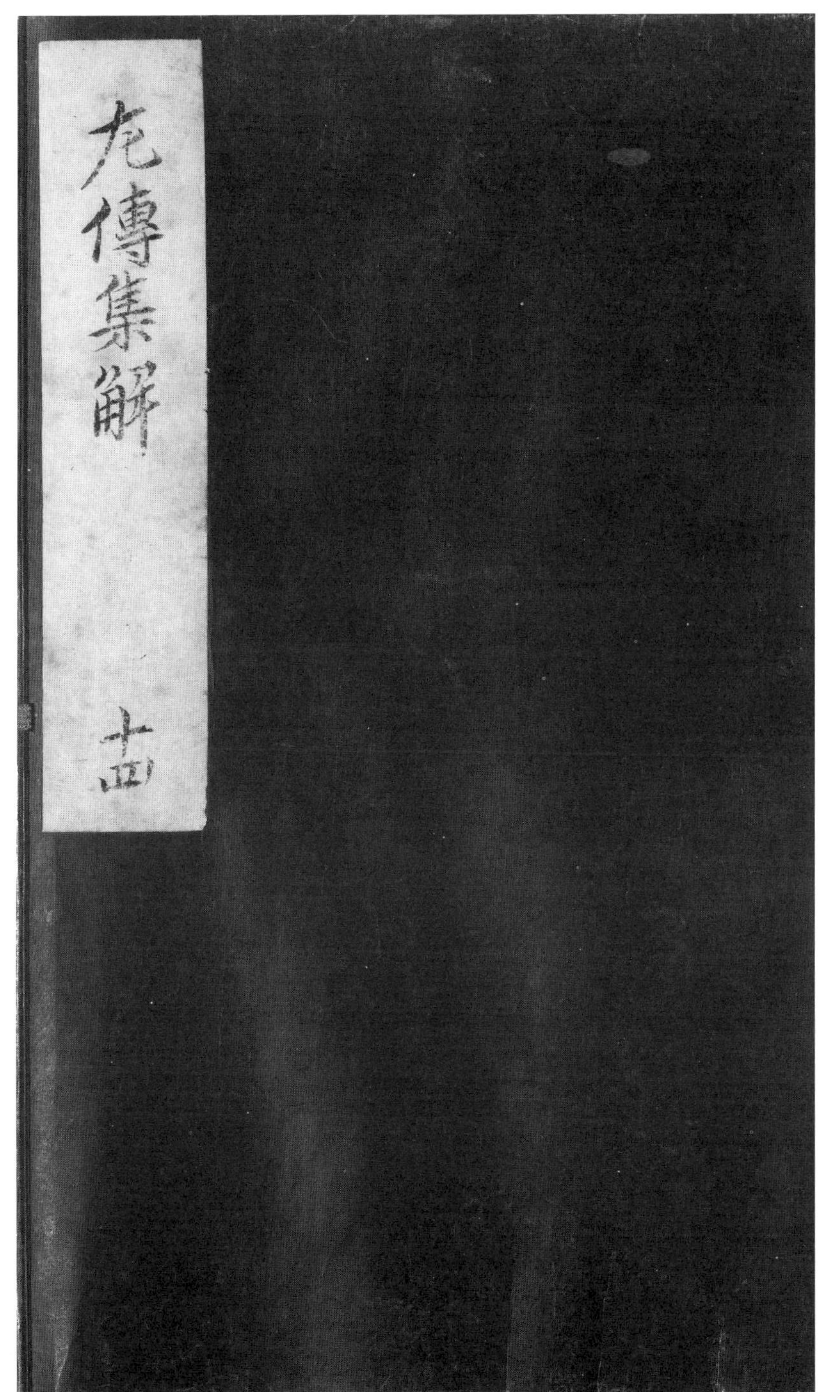
左傳集解
十四

襄公名午成公子毋定姒謚法因事有功曰襄辟土有德曰襄
金澤文庫

襄公名午成公子母定姒謚法因事有功曰襄辟土有德曰襄

正廿

春秋經傳集解襄元第十四　杜氏　盡九年

經元年春王正月公即位　無傳於是公年四歲也

仲孫蔑會晉欒黶宋華元衛寗殖曹人莒人邾人滕

魯與謀於

人薛人圍宋彭城魯與謀於虛朾而書會者稟命霸主非匹敵故也夏晉韓厥帥師伐鄭仲孫蔑會齊崔杼曹人邾人杞人次于鄫鄫鄭地在陳留襄邑縣東南書次兵不加鄭次鄫以待晉師也秋楚公

鄭次鄫以待晉師也

子壬夫帥師侵宋九月辛酉

天王崩無傳辛酉九月十五日也邾子來

朝冬衛侯使公孫剽來聘剽子（匹妙反又字林匹召反）

叔黑背子晉侯使荀罃來聘冬者十月

初也王崩赴未至皆未聞喪

故各得行朝聘之禮而傳善

故各得行朝聘之禮而傳善之也

傳元年春己亥圍宋彭城下有二月則此己亥爲正月正月無己亥己亥日誤非宋地追書也成十八年楚取彭城以封魚石故曰非宋地夫子治春秋追書繫之宋也於是爲宋討魚

石故稱宋且不登叛人也登成
也。不與其專邑叛君
故使彭城還繫宋也。謂之宋志
稱宋亦以
成宋志彭城降晉ゝ人以
宋五大夫在彭城者歸寘諸
瓠丘彭城降不書賤略之瓠
丘晉地河東ゝ垣縣東

南有壺丘。五大夫，魚丨石。向丨齊人
爲丨人。鱗丨朱。向丨帶。魚丨府
不會彭城晉人以爲討二月
齊大子光爲質於晉光齊靈公大子
夏五月晉韓厥荀偃帥諸侯
之師伐鄭入其郛荀偃不書非元帥

敗其徒兵於洧上徒兵步兵洧水出密縣東南至長平八潁也於是東諸侯之師次于鄫以待晉師齊魯曹邾杞也晉師自鄭以鄫之師侵楚焦夷及陳於是孟獻子自鄫先歸不與侵陳楚故不

□歸不與侵陳楚故不書也

晉侯衛侯次于戚以爲之援爲韓厥援

秋楚子辛救鄭侵宋

呂留呂留二縣今屬彭城郡

鄭子然侵宋取犬丘譙國酇縣東北有犬丘城迂迴疑

九月邾子來朝禮也邾宣公

冬

衛子叔晉知武子來聘禮也

凡諸侯即位小國朝之小事大

大國聘焉大字小以繼好結信

謀事補闕禮之大者也闕猶過也

禮以安國家

利民人爲大

利民人焉大無傳

經二年春王正月葬簡王五月而葬速鄭師伐宋書伐從告夏五月庚寅夫人姜氏薨六月庚辰鄭伯睔卒未與襄同盟而赴以名庚辰七月九日書六月經誤晉師宋師衛甯殖侵

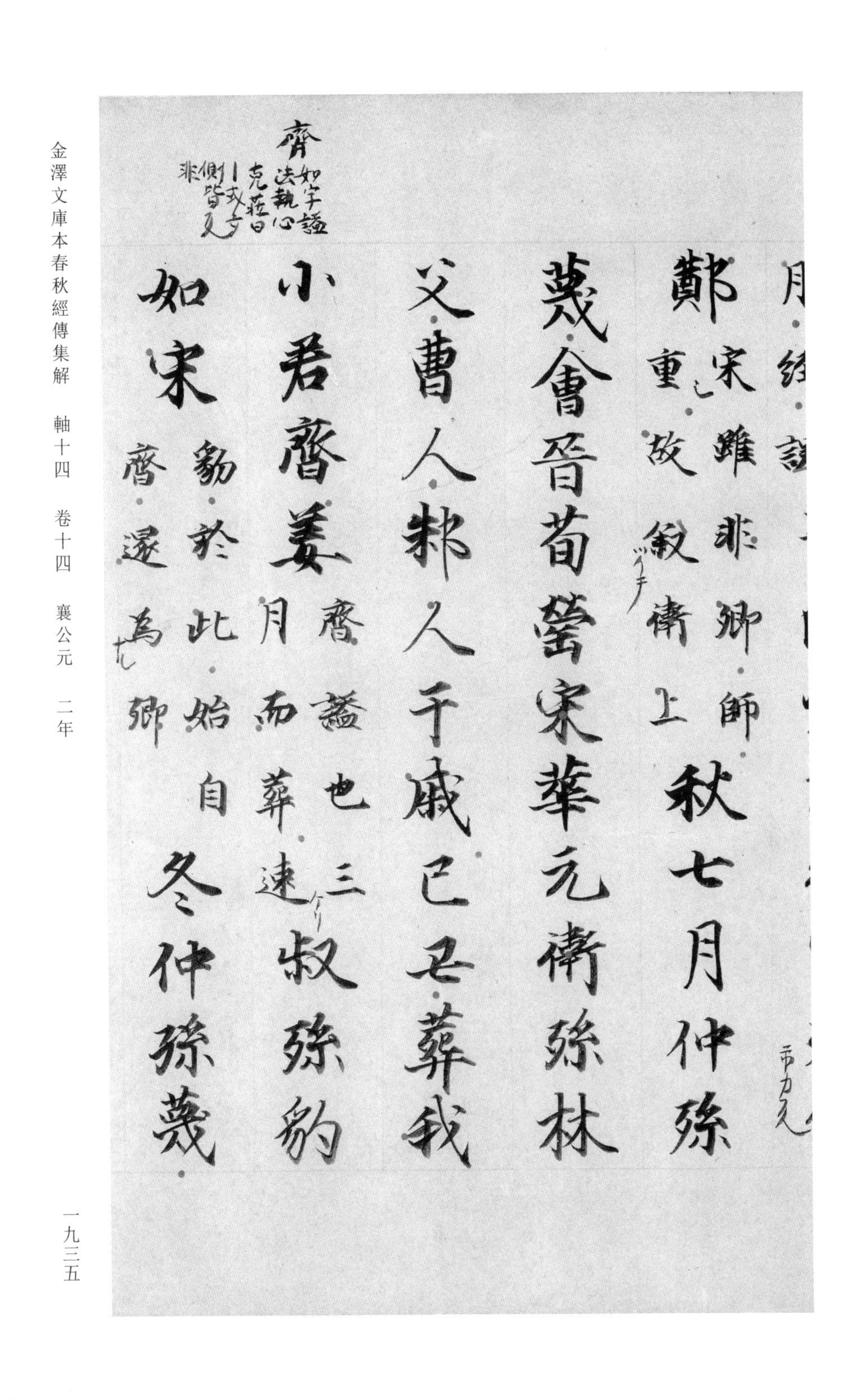

齊　如字謚法執心克莊曰齊或子側皆反非

月經誤[illegible]

市力反

鄭宋雖非卿師重故敘衛上秋七月仲孫

蔑會晉荀罃宋華元衛孫林

父曹人邾人于戚己丑葬我

小君齊姜齊謚也三月而葬速叔孫豹

如宋豹於此始自齊還為卿冬仲孫蔑

齊還為鄭

會晉荀罃齊崔杼宋華元衛

孫林父曹人邾人滕人薛人

小邾人于戚遂城虎牢以偪鄭

楚殺其大夫公子申

傳二年春鄭師侵宋楚令也以彭

城故

齊侯伐萊〻人使正輿子賂夙沙衛以索馬牛皆百匹

夙沙衛齊寺人

齊師乃還君子是以知齊靈公之爲靈也

謚法亂而不損曰靈言謚應其行

夏齊姜薨

靈言謚應其行

初穆姜使擇美檟檟梓之屬以自

為櫬與頌琴櫬棺也頌琴々名猶言雅琴皆

欲以送終季文子取以葬君子曰

非禮也禮無所逆婦養姑者

也虧姑以成婦逆莫大焉穆姜

也虧姑以成婦逆莫大焉〔姜成公母齊姜成公婦〕詩曰其惟哲人告之話言順德之行〔詩大雅哲知也話善也言知者行事無不順也〕季孫於是爲不哲矣〔言逆德也〕且姜氏君之妣也〔襄公適母故曰君之妣也〕詩曰爲酒爲醴

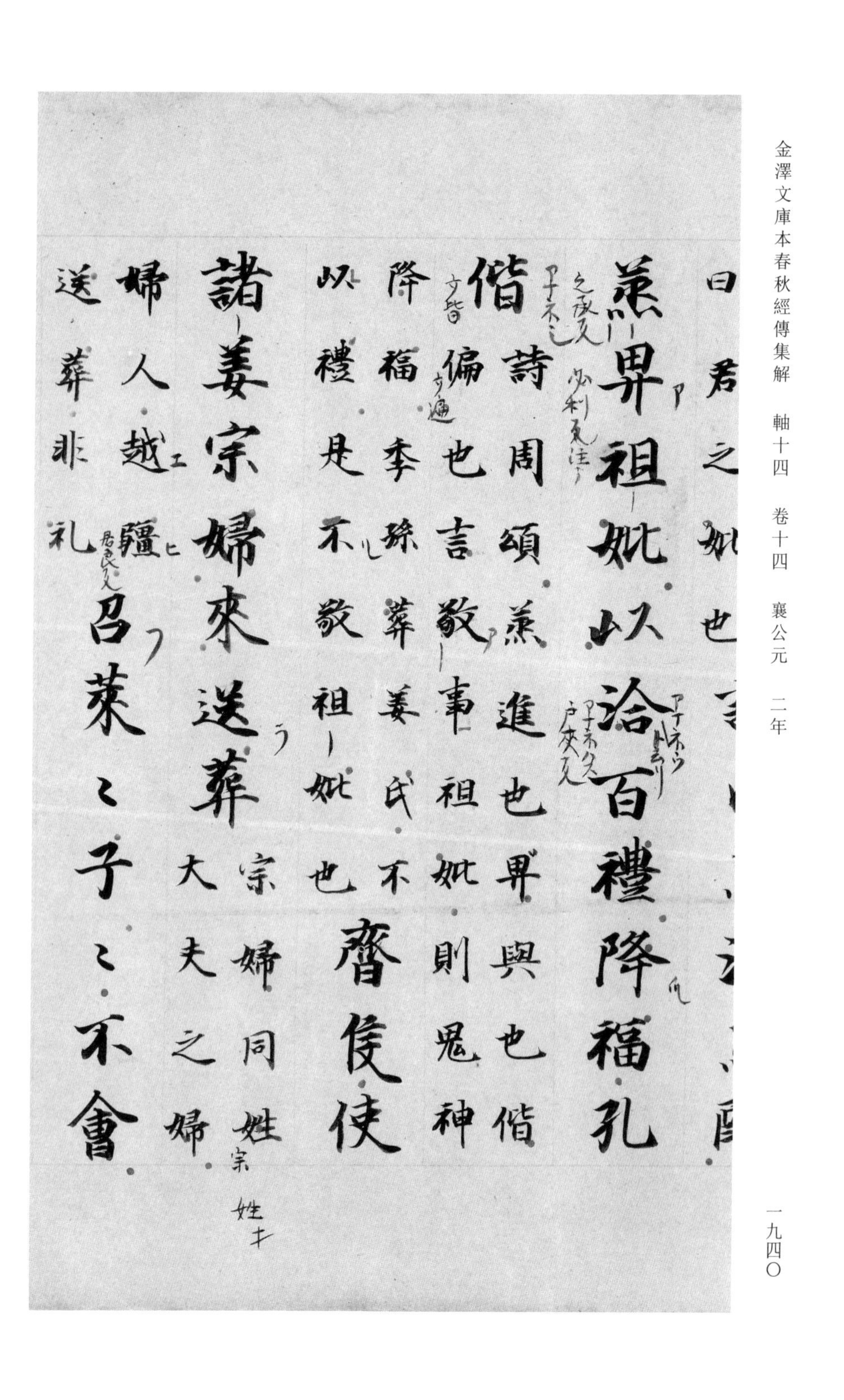

曰君之妣也

蒸畀祖妣以洽百禮降福孔偕

詩周頌蒸進也畀與也偕偏也言敬事祖妣則鬼神降福

季孫葬姜氏不以禮是不敬祖妣也

齊侯使諸姜宗婦來送葬

宗婦同姓大夫之婦

婦人越疆送葬非礼

召萊〻子〻不會

送葬非礼

故晏弱城東陽以偪之爲六年滅萊傳東陽齊竟上邑鄭成公疾子駟請息肩於晉欲辟楚役以負擔喻公曰楚君以鄭故親集矢於其目謂鄢陵戰晉射楚王目非異人任寡人也

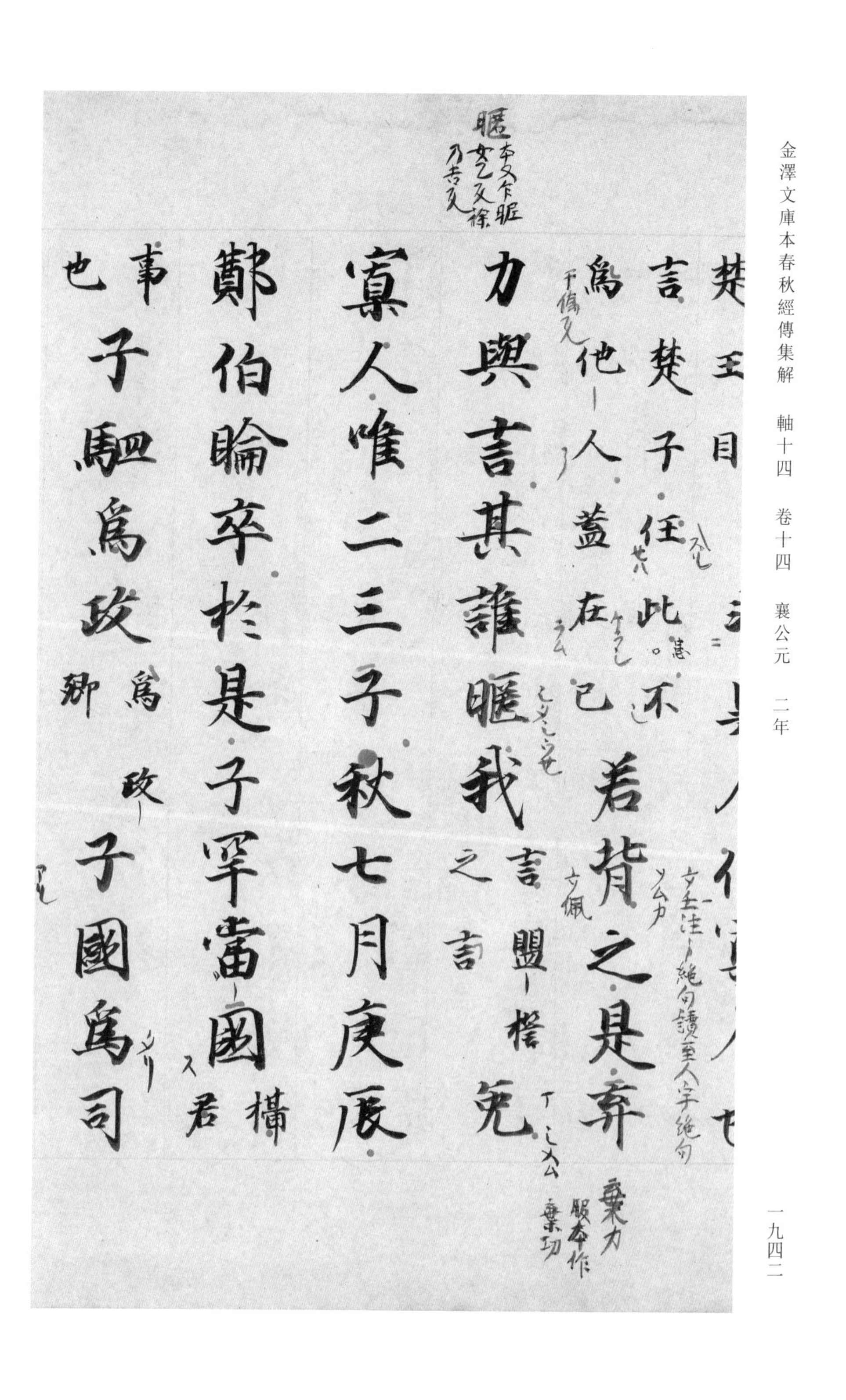

暱本又作昵女乙反又徐乃吉反

楚王目非異人任寡人也

言楚子任此不若背之是弃

爲他人蓋在己

力與言其誰暱我

言盟誓之言

免寡人唯二三子秋七月庚辰

鄭伯睔卒於是子罕當國

攝君

事也

子駟爲政子國爲司馬

鄭人

也

馬晉師侵鄭晉伐喪非礼諸大夫

欲從晉子駟曰官命未改成公

未葬嗣君未免喪故言言未改不欲違先君意會于

戚謀鄭故也鄭久叛晉謀討之也孟獻

子曰請城虎牢以偪鄭虎牢舊鄭

之也請城虎牢以偪鄭舊鄭邑今屬晉知武子曰善鄫之會吾子聞崔子之言今不來矣元年孟獻子與齊崔杼次于鄫崔杼有不服晉之言獻子以告知武子滕薛小邾之不至皆齊故也三國齊之屬寡君之憂不唯

復扶又反

鄭言復憂齊叛罃將復於寡君而請

請於齊以城事白晉君而請齊會之欲以觀齊志

得請而告吾子之功也得請謂齊

人應命告諸侯會築虎牢若不得請事將

在齊將伐齊吾子之請諸侯之

齊

福也城虎牢足以服鄭息征伐豈唯寡君

頼之傳言荀罃能用善謀穆叔聘于宋

通嗣君也冬復會于戚齊崔

武子及滕薛小邾之大夫皆

會知武子之宮故也武子言事將在

齊人懼帥小國而會遂城虎牢鄭人乃成如孟獻子之謀楚公子申爲右司馬多受小國之賂以偪子重子辛偪奪其權勢楚人殺之故書曰楚殺其大夫公子申言所

書曰楚殺其大夫公子申所以致國討之文

經三年春楚公子嬰齊帥師伐吴公如晉夏四月壬戌公及晉侯盟于長樗晉侯出其國都與公盟于外公至自晉無傳不以長樗至本非會六

月公會單子晉侯宋公衛侯
鄭伯莒子邾子齊世子光已
未同盟于雞澤雞澤在廣平曲梁縣西南周靈王新即位使王官伯出與諸侯盟以安王室故無譏
陳侯使袁僑如會陳疾楚政而來屬晉

本非召會而自來故言如會戊寅叔孫豹及諸侯之大夫及陳袁僑盟諸侯既盟袁僑乃至故使大夫別與之盟言諸侯之大夫則在雞澤之諸侯也殊袁僑者明諸侯大夫所以盟袁僑也據傳盟在秋長歷推戊寅七月十三日經誤秋

推戊寅七月十三日經誤

公至自會無傳冬晉荀罃帥師

伐許

傳

三年春楚子重伐吳爲簡之

師簡選練克鳩茲至于衡山鳩茲

吳邑在丹陽無湖縣東今皐

夷也衡山在吳興爲程縣南

夷也衡山在吴興烏程縣南使鄧廖帥組甲三百被練三千組甲被練皆戰備也組甲漆甲成組文被練練袍以侵吴吴人要而擊之獲鄧廖其能免者組甲八十被練三百而已子重歸既飲至三

日吴人伐楚取駕〻良邑也
鄬廖亦楚之良也君子謂子
重於是役也所獲不如所亡
當時君子楚人以是咎子〻重〻
病之遂遇心疾而卒憂恚故成心疾

公如晉始朝也公即位而朝夏盟
於長樗孟獻子相公稽首相儀
也稽首首至地知武子曰天子在而
君辱稽首寡君懼矣稽首事天子之
禮孟獻子曰以敝邑介在東

表密邇仇讎〔仇讎謂齊楚與晉爭者〕寡君將君是望敢不稽首〔傳言獻子能固事盟主〕晉為鄭服故且欲脩吳好〔鄭服在前年〕將合諸侯使士匄告于齊曰寡君使匄以歲之

[illegible]寡君使匄以歲之
不易不虞之不戒寡君願與
一二兄弟相見不易多難也虞度也戒備也
列國之君相謂兄弟以謀不協請君臨
之使匄乞盟齊侯欲勿許而
難爲不協乃盟於耏外与士匄盟

砅水名祁奚請老老致仕也晉侯問

嗣焉嗣續其職者稱解狐其讎也

將立之而卒解狐卒又問焉對

曰午也可午祁奚子於是羊舌職

死矣晉侯曰孰可以代之對

曰赤也可（赤職之子伯華）於是使祁午爲中軍尉羊舌赤佐之（各代其父也）君子謂祁奚於是能擧善矣稱其讎不爲諂立其子不爲比擧其偏不爲黨（諂媚也偏屬也）

偏屬也

商書曰無偏無黨王道蕩蕩

商書洪範也蕩蕩平平正無私

其祁奚之謂矣解狐得舉

未得位故曰得舉

祁午得位伯華得官建一官而三物成

一官軍尉物事也

能舉善也夫

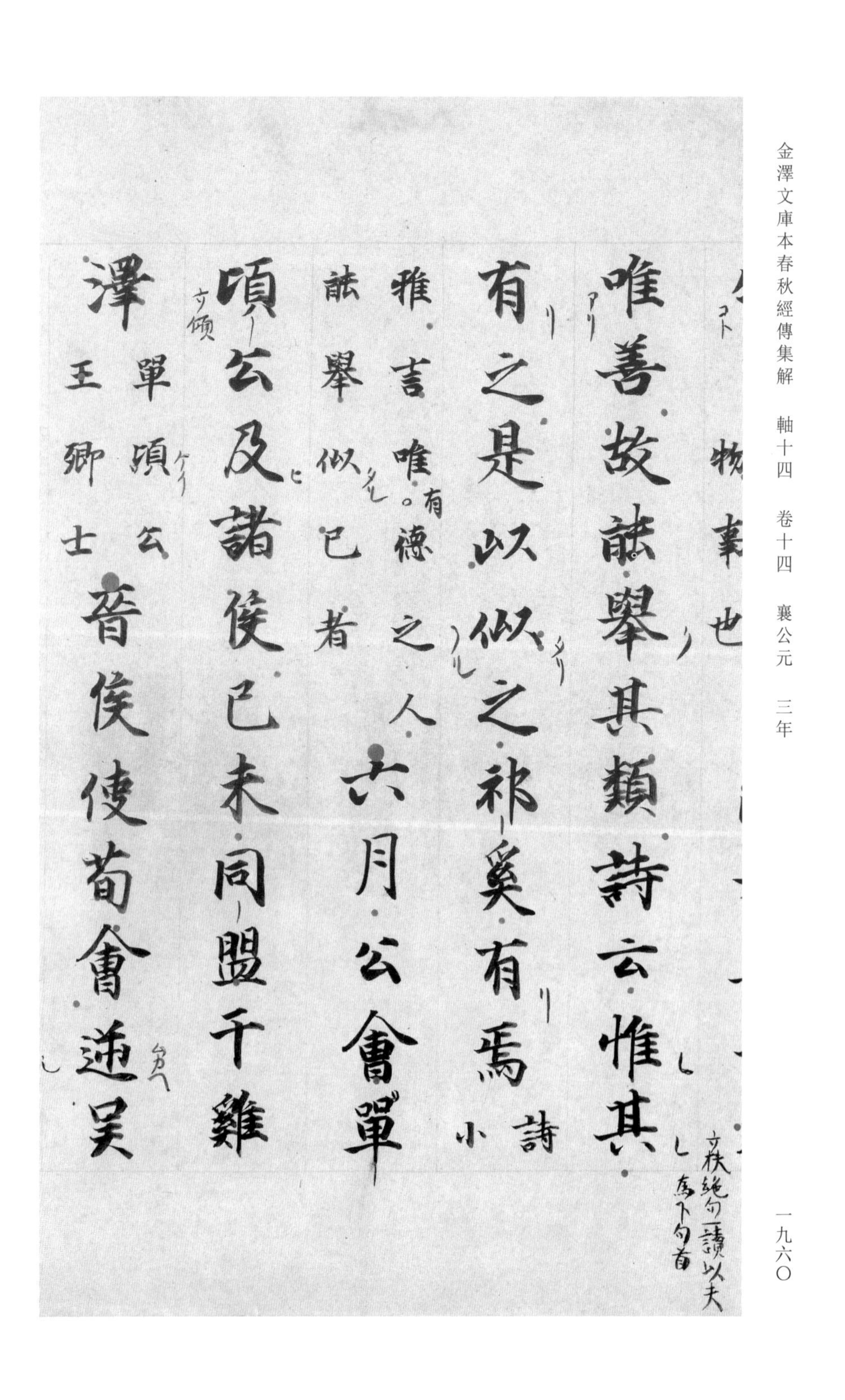

物事也
唯善故能舉其類詩云惟其
有之是以似之祁奚有焉詩小雅言唯有德之人能舉似已者
六月公會單頃公及諸侯己未同盟于雞澤單頃公王卿士
晉侯使荀會逆吳

王卿士……

子于淮上吳子不至道遠多難楚

子辛爲令尹侵欲於小國陳

成公使袁僑如會求成患楚侵欲

袁僑濤塗四世孫晉侯使和組父告

于諸侯告陳服秋叔孫豹及諸

侯之大夫及陳袁僑盟陳請

脤也其君不來使大夫盟之近歒之宜也晉侯

之弟楊干亂行於曲梁行陳次

魏絳戮其僕僕御也晉侯怒謂

羊舌赤曰合諸侯以爲榮也

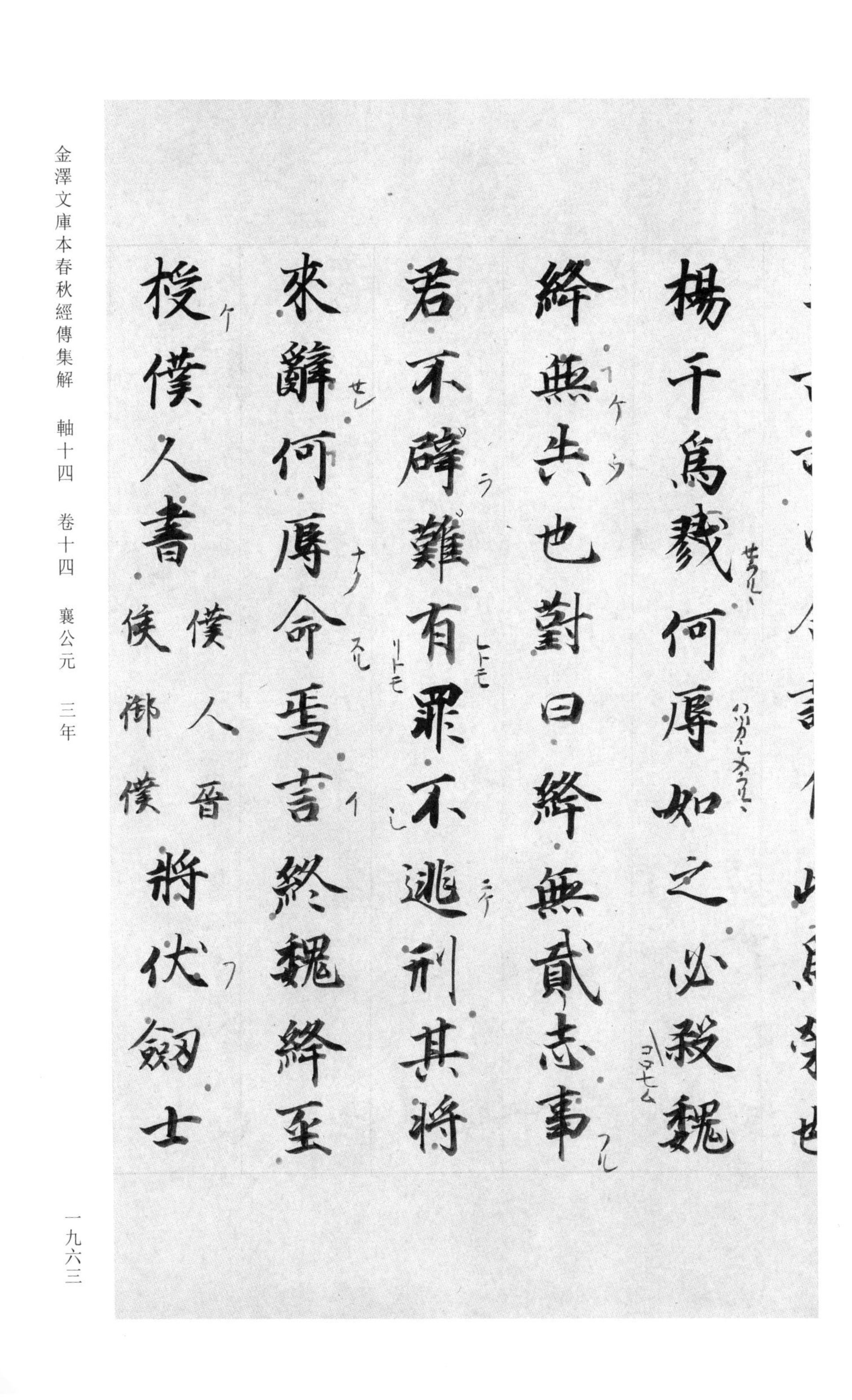

揚干爲戮何辱如之必殺魏
絳無失也對曰絳無貳志事
君不辟難有罪不逃刑其將
來辭何辱命焉言終魏絳至
授僕人書僕人晉侯御僕將伏劍士

授僕人書侯御僕將伏劍士魴張老止之公讀其書曰日君乏使使臣斯司馬斯此也臣聞師衆以順為武順莫敢違軍事有死無犯為敬守官行法雖死不敢有違君合諸侯臣敢不敬君師不

武執事不敬罪莫大焉臣懼

其死以及楊干無所逃罪懼自

犯不武不敬之罪不能致訓至於用

鉞用鉞斬楊干之僕臣之罪重敢有

不從以怒君心言不敢不從戮請歸

不從以怒君心不從戮言歸

死於司寇致尸於司寇使戮之公跣而

出曰寡人之言親愛也吾子

之討軍禮也寡人有弟弗能

教訓使干大命寡人之過也

子無重寡人之過聽絳死爲重過敢

以爲請（請使無死）晉侯以魏絳爲

能以刑佐民矣反役與之禮

食使佐新軍（羣臣旅會今欲顯絳故持爲設）

張老爲中軍司馬（代魏絳）士

富爲候奄（代張老士富士會別族）楚司

士會别族

馬公子何忌侵陳〻叛故也

許靈公事楚不會于雞澤冬

晉知武子帥師伐許

經四年春王三月己酉陳侯午

卒前年大夫盟雞澤三月無己酉日誤夏叔孫

三月無己酉日誤

豹如晉秋七月戊子夫人姒

氏薨成公妾襄公母姒杞姓葬陳成公

無傳八月辛亥葬我小君定姒

無傳定謚也赴同祔姑反哭成喪皆以正夫人禮母以子

貴踰月而葬速冬公如晉陳人圍頓

傳四年春楚師爲陳叛故猶在繁陽前年何忌之師侵陳今猶未還繁陽楚地在汝南鮦陽縣南韓獻子患之言於朝曰文王帥殷之叛國以事紂唯知時也知時未可爭今我易

可爭

之難哉晉力未能服楚受陳爲非時三月

陳成公卒楚人將伐陳聞喪

乃止軍礼不伐喪陳人不聽命不聽楚命

臧武仲聞之曰陳不服於

楚必亡大國行禮焉而不服

在大猶有咎而況小乎夏楚
彭名侵陳〻無禮故也爲下陳圍
頓傳穆叔如晉報知武子之聘
也武子聘在元年晉侯享之金奏肆
夏之三不拜肆夏樂曲名周礼以鍾〻鼓奏九

礼以鐘ー鼓奏九
夏其二曰肆夏一名樊三曰
韶夏一名遏四曰納夏一名
渠蓋摯鐘而工歌文王之三
奏此三夏曲
工樂人也文王之三
大雅之首文王大ー明
緜
又不拜
歌鹿鳴之三ゝ拜
小雅之
首鹿鳴
四牡皇ー
皇ー者ー華
韓獻子使行人子員

皇者華……

問之行人通使之官曰子以君命辱

於敝邑先君之禮藉之以樂

以辱吾子藉薦也吾子舍其大

而重拜其細敢問何禮也對

曰三夏天子所以享元侯也

三夏天子所以享元侯也

使臣弗敢與聞元侯牧伯文王兩

君相見之樂也臣不敢及及與

文王之三皆稱文王之德受

命作周故諸侯會同以相樂

鹿鳴君所以嘉寡君也敢不

拜嘉晉以叔孫爲嘉賓故歌

鹿鳴之詩取其我有嘉

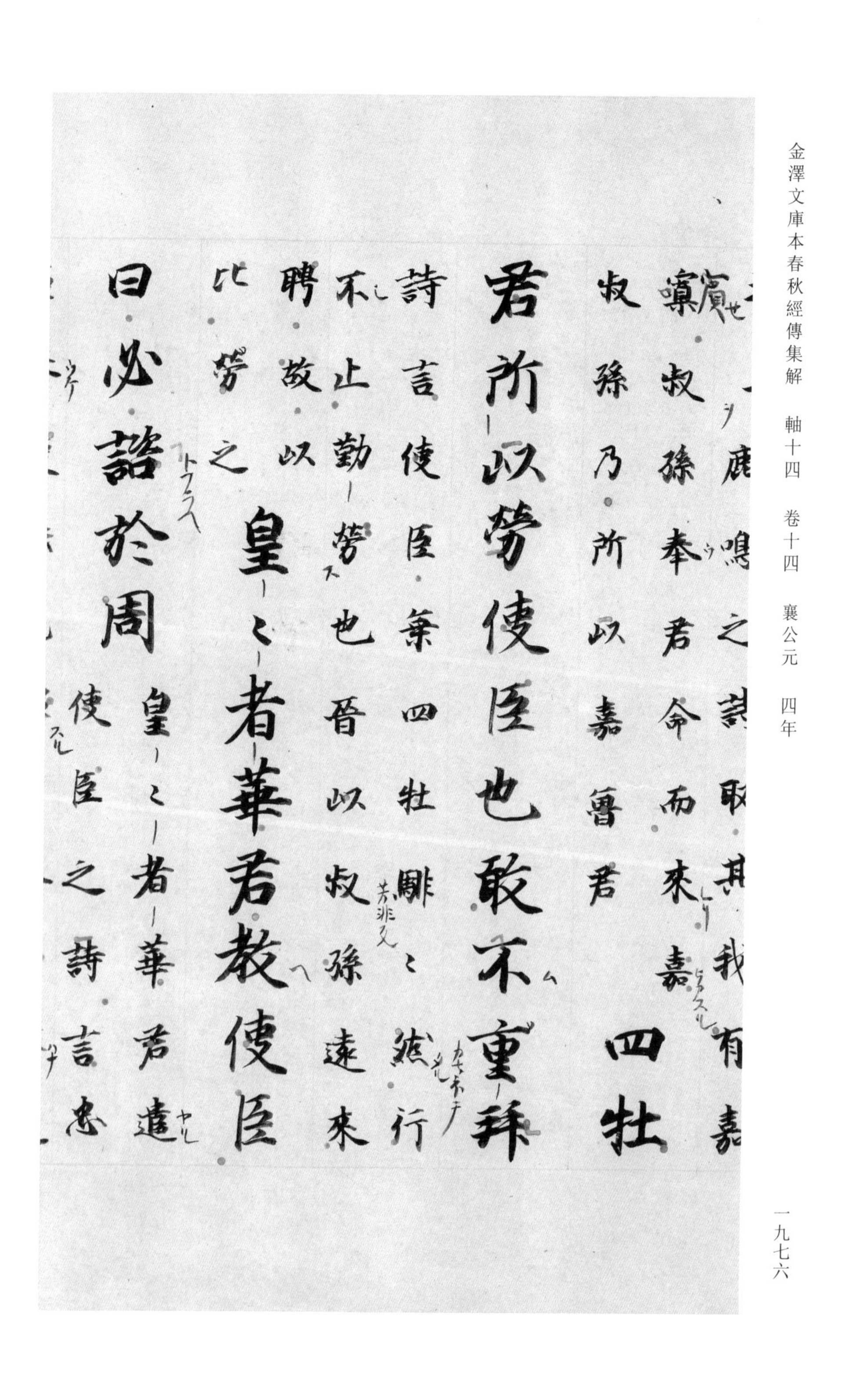

鹿鳴之詩取其我有嘉賓叔孫奉君命而來嘉叔孫乃所以嘉魯君

四牡君所以勞使臣也敢不重拜

詩言使臣乘四牡騑騑然行不止勤勞也晉以叔孫遠來聘故以比勞之

皇皇者華君教使臣曰必諮於周

皇皇者華君遣使臣之詩言忠

使臣之□言忠

臣奉使能充輝君命如華之皇皇然又當諮于忠信以補己不及忠信為周其詩曰周爰諮諏周爰咨謀周爰咨度周爰咨詢言必於忠信之人諮此四事

臣聞之訪問於善為諮問善道諮親為詢問親戚之義諮禮為度問禮宜諮

問政事諮難為謀問患難臣

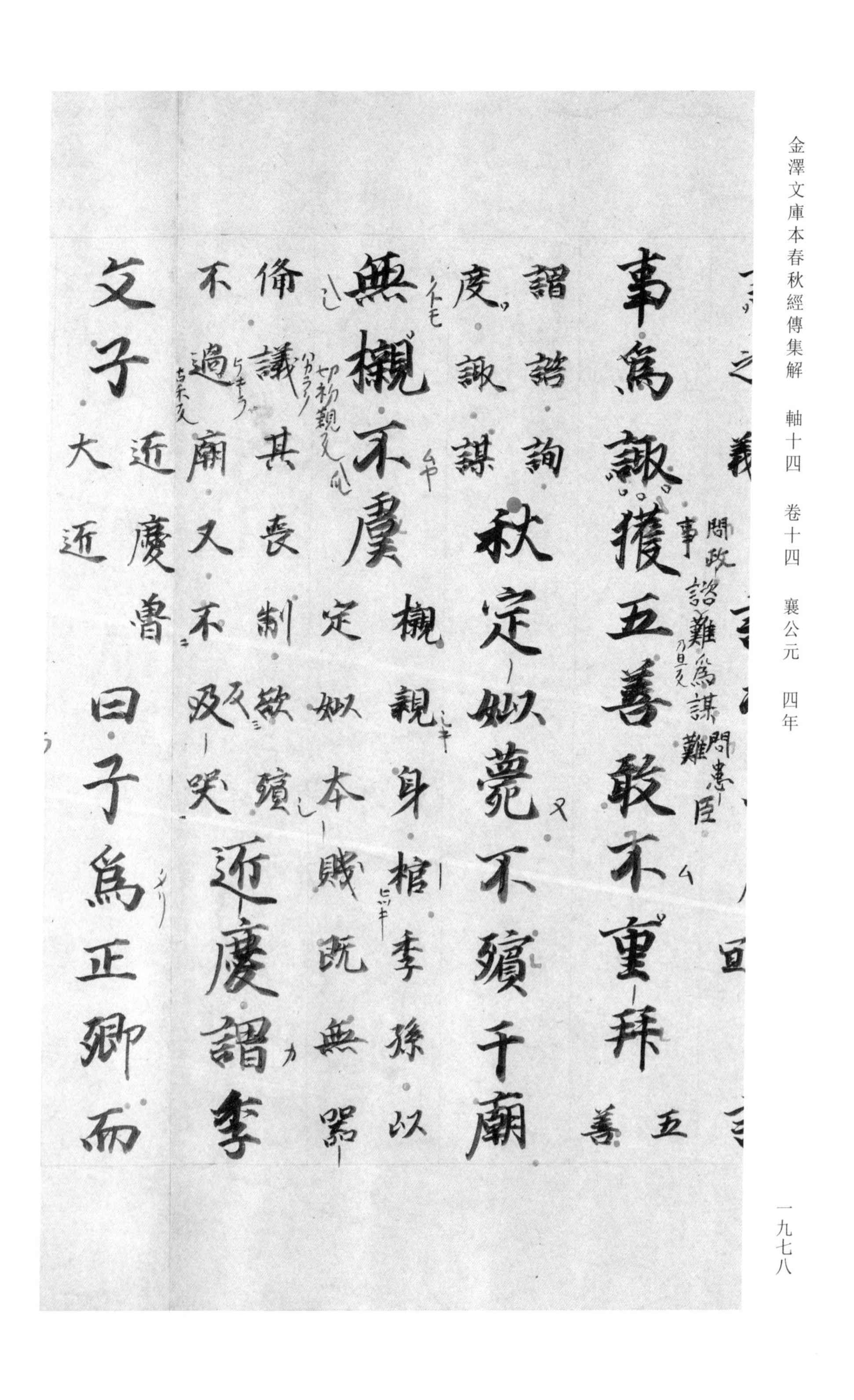

之義

事爲諏獲五善敢不重拜問政事諮難爲謀問患難臣五善

謂諮詢度諏謀秋定姒薨不殯于廟

無櫬不虞櫬親身棺季孫以定姒本賤既無器

備議其喪制欲殯不過廟又不反哭匠慶謂季

文子匠慶魯大匠曰子爲正卿而

小君之喪不成諸如季孫所議則爲夫人礼不成

不終君也慢其母是不終事君之道

君長誰受其咎言襄公長將責季孫

初

季孫爲己樹六檟於蒲圃東

門之外蒲圃場圃名季文子樹檟欲自爲親逝

子樹檟欲自爲親

慶請木爲之櫬作櫬季孫曰略不以道取爲略

匠慶用蒲圃之檟季孫

不御御止也傳言遂得成礼故經無異文君子

曰志所謂多行無禮必自及

也其是之謂乎冬公如晉聽

政受貢賦多少之政晉侯享公〻請
屬鄫鄫小國也欲得使屬魯如須句顓臾之比使助
魯出貢賦公時年七歲蓋相者爲之言鄫今琅邪鄫縣
晉侯不許孟獻子曰以寡君
之密邇於仇讎而願固事君

無失官命（晉官徵發之命）鄭無賦於司馬（晉司馬又掌諸侯之賦）爲執事朝夕之命敝々邑々褊小闕而爲罪（闕不共也）寡君是以願借助焉（借鄭以自助）晉侯許之（爲明年叔孫豹

鄫世子巫如晉傳楚人使頓間陳而
侵伐之故陳人圍頓間伺間鈌無
終子嘉父使孟樂如晉無終山戎
國名孟樂其使臣因魏莊子納虎豹
之皮以請和諸戎欲戎与晉和莊子魏

和莊子魏
絳
晉侯曰戎狄無親而貪不
如伐之魏絳曰諸侯新服陳新
來和將觀於我〻德則睦否
則攜貳勞師於戎而楚伐陳
必弗能救是弃陳也諸華必

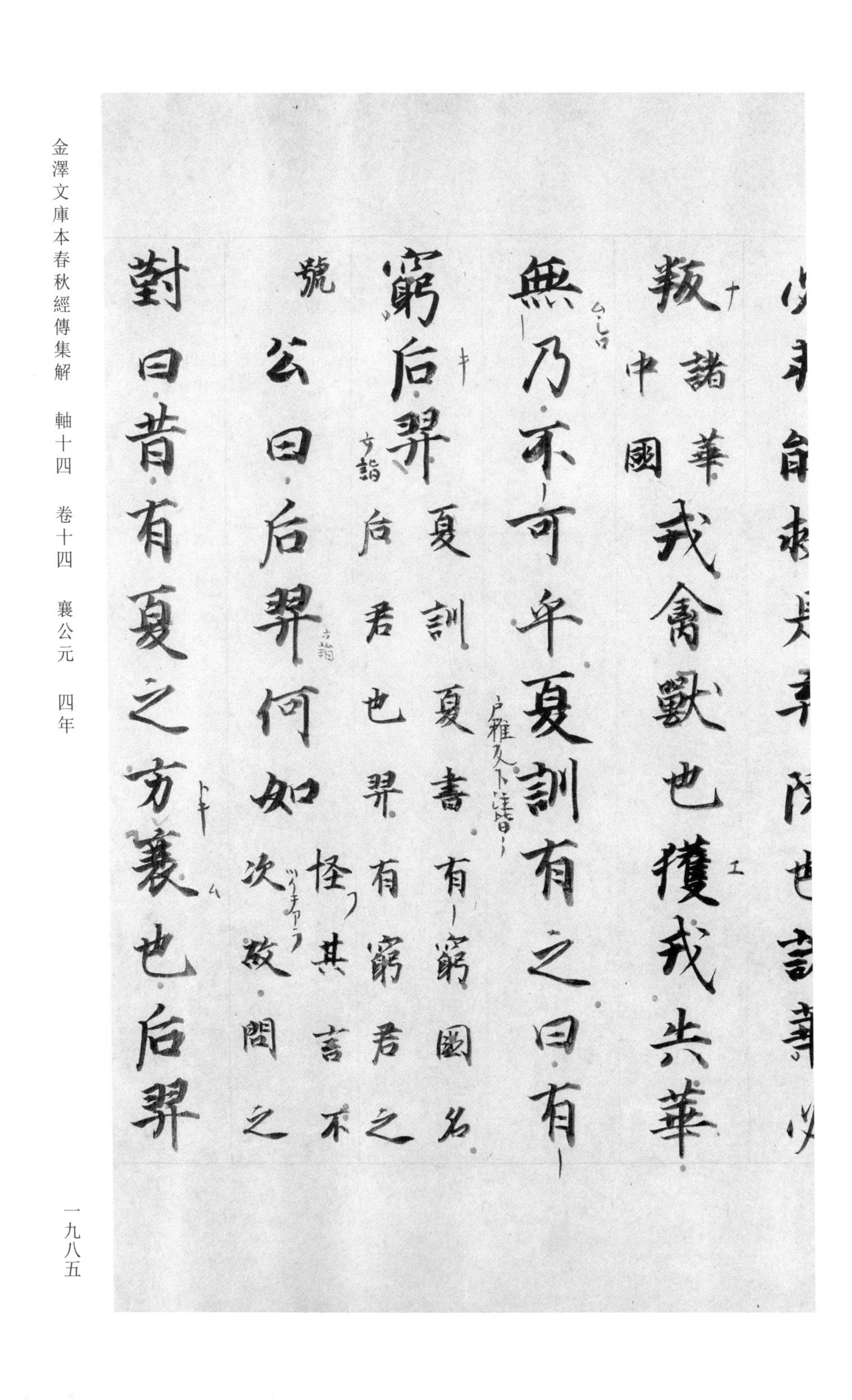

必弗能救是棄陳也諸華必

叛諸華中國戎禽獸也獲戎失華

無乃不可乎夏訓有之曰有

窮后羿夏訓夏書有窮國名后羿后君也羿有窮君之

號公曰后羿何如怪其言不次故問之

對曰昔有夏之方衰也后羿

[illegible][illegible]昔有夏之方衰也后羿

自鉏遷于窮石因夏民以代夏政禹孫大康淫放失國夏人立其弟仲康〻〻亦微弱仲康卒子相立羿遂代相號曰有窮鉏羿本國名

恃其射也羿善射不脩民事而淫于原獸淫放原野棄武羅伯因

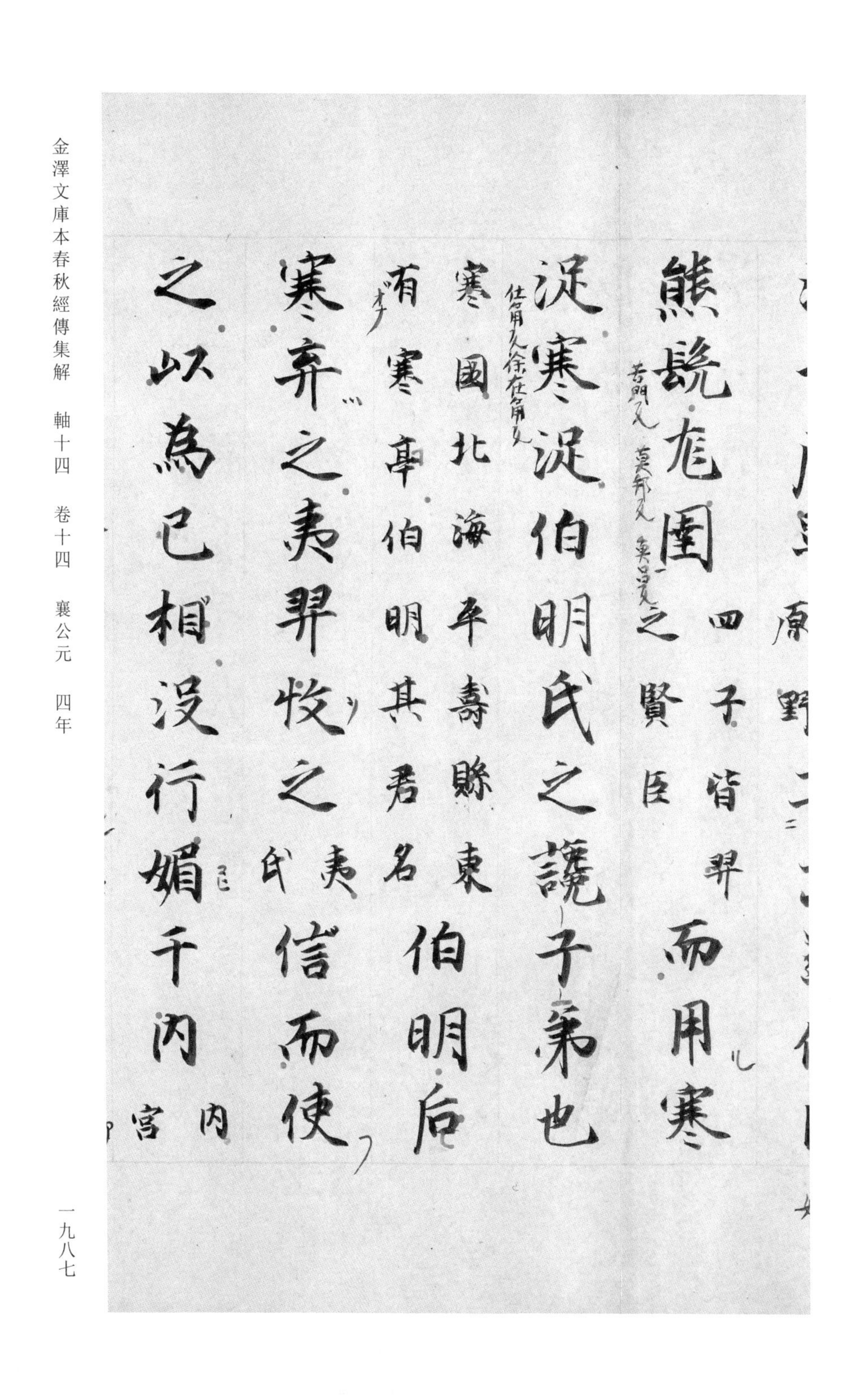

原野

熊髡尨圉四子皆羿之賢臣而用寒

浞寒浞伯明氏之讒子弟也寒國北海平壽縣東有寒亭伯明其君名伯明后

寒棄之夷羿收之夷氏信而使

之以為己相浞行媚于内内宮

宮
人而施賂于外愚弄其民欺罔
之而虞羿于田樂之以以遊田樹之
詐慝以取其國家樹立也外内
咸服信浞詐羿猶不悛悛改也將
歸自田羿猟遂家衆殺而亨之

[illegible][illegible][illegible]遂[illegible][illegible][illegible][illegible][illegible]之普彭反煑也

以食其子食羿子其子不忍食諸死于窮門殺之於國門靡奔有鬲氏靡夏遺臣事羿者有鬲國名今平原鬲縣縣是也浞因羿室就其妃妾生澆及豷恃

其讒慝詐偽而不德于民使

澆用師滅斟灌及斟尋氏　二國夏同姓諸侯仲康之子后相所依樂安壽光縣東南有灌亭北海平壽縣東南有斟亭

處澆于過處豷于戈　過戈皆國名東萊掖縣北有過鄉戈在宋鄭之間

靡自有鬲氏收二國之燼　燼遺

遺

氏以滅浞而立少康少康夏后相之

子少康滅澆于過后杼滅豷

于戈后杼少康子有窮由是遂亡

失人故也浞因羿室故不改有窮之號昔

周辛甲之為大史也命百官

官箴王闕辛甲周武王大史闕過也使百官各爲箴辭戒王過於虞人之箴虞人掌田獵者也曰芒芒禹迹畫爲九州芒芒遠貌畫分也經啓九道啓開九州之道民有寢廟獸有茂草各有攸處德

麀　牝也　音憂　又鹿

寢廟獸有茂草各有攸處德用不擾人神各有所歸故德不亂在帝夷羿冒于原獸冒貪也忘其國恤而思其麀牡言但念獵武不可重重猶數也用不恢于夏家羿以好武雖有夏家而不能恢大之獸臣司原敢告僕

能[illegible]大之[illegible]

夫獸臣虞人告僕夫不敢斥尊虞箴如是

可不懲乎於是晉侯好田故

魏絳及之羿事及后公曰然則莫

如和戎乎對曰和戎有五利

焉戎狄荐居貴貨易土土荐聚也易

在薦反又才匙反聚也或云草也

以豉反徐神豉反注上

猶輕也土可賈焉一也邊鄙不聳民狎其野穡人成功二也聳懼狎習也戎狄事晉四鄰振動諸侯威懷三也以德綏戎師徒不勤甲兵不頓四也頓壞也

鑒于后羿而用德度（以后羿爲鑒戒）
遠至邇安五也君其圖之公
說使魏絳盟諸戎脩民事田
以時（傳言晉侯能用善謀）冬十月邾人
莒人伐鄫臧紇救鄫侵邾敗

駘徒來反徐和才反

番本又作蕃應劭音皮一音方袁反又白褒反魯國記云陳子游爲魯相番國人爲諱改曰皮

於狐駘臧紇武仲也鄫屬魯
故救之狐駘邾地魯
國番縣東南國人逆喪者皆
有目台亭髽麻髮合
髽魯於是乎始髽結也遭喪
者多故不能備國人誦之曰
凶服髽而已
臧之狐裘敗我於狐駘臧紇時服

合髻古兮反本又作結又作紒音計

之狐裘敗我於狐駘時服裘

我君小子朱儒是使朱儒朱儒使我敗於邾襄公幼弱故曰小子臧紇短小故曰朱儒敗不書魯人諱之

經五年春公至自晉夏鄭伯使公子發來聘發子產父叔孫豹鄫

世子巫如晉比魯大夫故書巫如晉仲孫蔑衛孫林父會吳于善道魯衛俱受命於晉故不言及吳先在善道二大夫往會之故曰會吳善道地闕秋大雩楚殺其大夫公子壬夫書名罪其貪公會晉侯

宋公陳侯衛侯鄭伯莒子邾
子滕子薛伯齊世子光吴人
鄫人于戚　穆叔使鄫人聽命于會故鄫見經不
復殊吴者吴來會于戚　公至自會　無傳　冬
戍陳　諸侯在戚會皆受命戍陳各還國遣戍不復有

之間陳各還國遣戍不復脩

苦命故獨書魯戍　楚公子貞帥師伐

陳公會晉侯宋公衛侯鄭伯

曹伯莒子邾子滕子薛伯齊

世子光救陳十有二月公至

自救陳　無傳　辛未季孫行父卒

傳

五年春公至自晉公在晉既聽屬鄫聞其見伐遙命非紀出救傳稱經公至以明之王使王叔陳生愬戎于晉王叔周卿士也戎陵虢周室故告愬盟主晉人執之士魴如京師言王叔之貳於戎也王叔

正本巫如晉又本至晉

反有二心於我失奉使之義故晉執之

夏鄭子國來聘通嗣君也　鄭僖公初即位

穆叔覿鄭大子于晉以成屬鄫

覿見也前年請屬鄫故將鄫大子至如晉以成之

書曰叔孫豹鄫大子巫如晉言

曰叔孫豹鄫大子巫如晉

比諸魯大夫也豹與巫俱受命於魯故經不書及比之魯大夫吳子使壽越如晉壽越吳大夫辭不會于雞澤之故三年會雞澤吳不至今來謝之且請聽諸侯之好呼報反更請會晉人將為于偽反之合諸

侯使魯衛先會吴且告會期以其道遠故使魯衛先告期故孟獻子孫文子會吴于善道二子皆受晉命而行

秋大雩旱也雩夏祭所以祈甘雨若旱則又脩其祀故雖秋雩非書過也然經與過雩同文是以傳每

終經興過雩同文是以傳每釋之曰旱也雩而獲雨故書雩而不書旱楚人討陳叛故討治也曰由令尹子辛實侵欲焉乃殺之書曰楚殺其大夫公子壬夫貪也君子謂楚共王於是不刑陳之叛楚罪在

斷　丁乱反

[illegible]楚罪在
子辛共王既不能素明法教
陳叛之日又不能嚴斷威刑
以謝小國而擁其罪人興兵
致討加礼於陳陳恨彌篤
乃恐而歸罪子辛辛之貪
雖是以取死然共王用刑為
失其節故
言不刑
詩曰周道挺挺我
心扃扃講事不令集人來定

扃　工迴反　徐孔穎反

擁　於勇反　左傳[illegible]

正逞解也

逸詩也挺ゝ正直也扃ゝ明

察也講謀也言謀事不善當

聚致賢人己則無信而殺人

以定之也共王伐宋封

以逞不亦難乎魚石背盟敗

于鄢陵殺子反公子申及壬

夫八年之中戮殺三卿欲以

厲諸侯故君

子以爲不可夏書曰成允成

于此為不可

功亦遂書九信也言信成然後有成功九月丙午盟于戚會吳且命戍陳也公及其會而不書盟非公後會蓋不以盟告廟穆叔以屬鄫為不利使鄫大夫聽命于會鄫近魯竟故欲以為屬國既而與莒有惡

區區所可與尚有悪

魯不誅救恐致譴責故復乞

還之傳言鄫人所以見於戚

會

楚子囊為令尹（公子貞）范宣

子曰我喪陳矣楚人討貳而

立子囊必改行（改子辛所行）而疾

討陳（疾急也）陳近於楚民朝夕

害門也

急能無往乎有陳非吾事也無之而後可言晉力不及陳故七年陳侯逃歸

冬諸侯戍陳備楚

子囊伐陳

十二月甲午會于城棣以救之公及救陳而不及會故不書城〻棣〻鄭地陳留酸

書城〻棣〻鄭地陳留酸

棗縣西南
有棣丨城
李文子卒大夫入

斂公在位
在阼丨階
西丨卿
宰庀家器

爲葬備
庀具
也
無衣帛之妾無

食粟之馬無藏金玉無重器丨

備
器備謂珍寶
甲兵之物
君子是以知

備甲兵之數

季文子之忠於公室也相三

君矣而無私積可不謂忠乎

經六年春王三月壬午杞伯姑

容卒夏宋華弱來奔華椒孫秋

葬杞桓公無傳滕子來朝莒人

臧鄫冬叔孫豹如邾季孫宿如晉行父之子十有二月齊侯滅萊書十二月從告

傳六年春杞桓公卒始赴以名同盟故也杞入春秋未嘗書名桓公三與成同

名桓公三與成同盟故赴以名

宋華弱與樂轡少相狎長相優又相謗也

狎親習也優調戲也

子蕩怒以弓梏華弱于朝

子蕩樂轡也張弓以貫其頸若械之在手故曰梏

平公見之曰司武而梏於朝難

以勝矣司武司馬言其懦懦弱不足以勝敵逐
之夏宋華弱來奔司城子罕
曰同罪異罰非刑也專戮於
朝罪孰大焉亦逐子〻蕩〻
射子罕之門曰幾日而不我

從言我財女門女亦當以不勝任見逐子罕善
之如初言子罕雖見辱不追忿所以得安秋
滕成公來朝始朝公也莒人
滅鄫鄫恃賂也鄫有貢賦之賂在魯恃之
而慢莒故滅之冬穆叔如邾聘且脩

見賢遍反　注ノ

故滅之……

平　平四年　狐駘戰　晉人以鄫故來討

曰何故亡鄫　鄫屬魯侍賂而　慢莒魯不致力

輔助無何以還晉尋　使見滅故晉責魯　季武子

如晉見且聽命　始代父爲卿　見大國且謝

亡鄫聽　命受罪　十一月齊侯滅萊〻

命受邢

恃謀也賂夙沙衛之謀也事在二年於鄭

子國之來聘也四月晏弱城

東陽而遂圍萊子國聘在五年二年晏弱城東陽至五年復託治城因遂圍萊甲寅堙

之環城傅於堞堞女牆也堙土山也周城

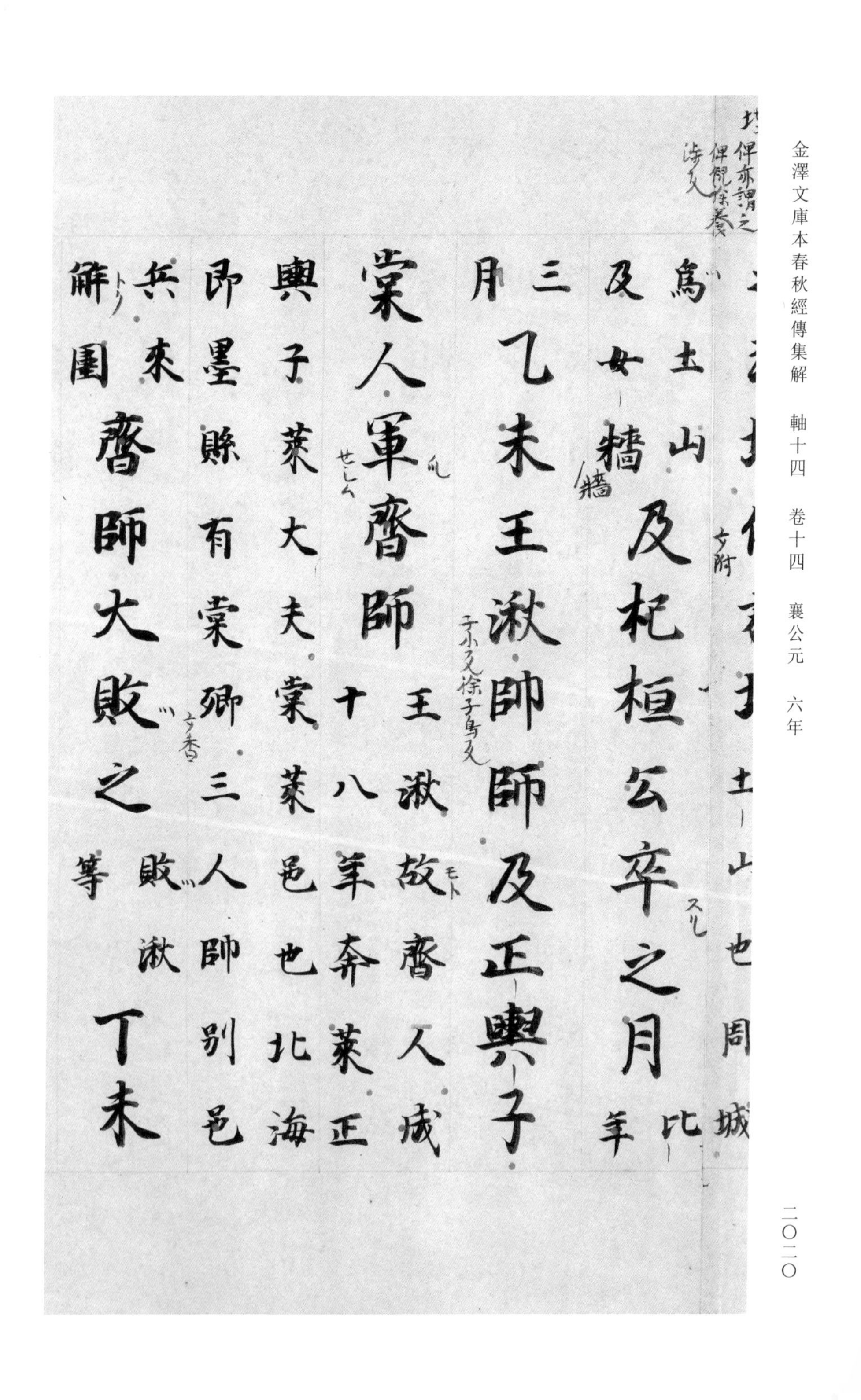

之環城傅於堞土山也周城爲土山及女墻及杞桓公卒之月此年三月乙未王湫帥師及正輿子棠人軍齊師王湫故齊人成十八年奔萊正輿子萊大夫棠萊邑也北海即墨縣有棠鄉三人帥別邑兵來解圍齊師大敗之敗湫等丁未

解圍[illegible]等

入萊〻共（才泰）公浮柔奔棠正輿

子王湫奔莒〻人殺之四月

陳無宇獻萊宗器于襄宮（無宇）桓子陳完玄孫　襄宮魯襄公廟　晏弱圍棠十

一月丙辰而滅之遷萊于郳

五芳文本或作遷

遷萊子于郳國高厚崔杼定其田定其疆界高厚高固子

經七年春郯子來朝夏四月三

卜郊不從乃免牲稱牲既卜日也卜郊又非禮也

小邾子來朝城費南遺假事

正业使作詩
南遺請城之
由不言時与
不勝知南遺
假設言有事
難而請城之
也

禮也○將之欲韓城費ヒ秘假事難而乃且又城之
秋季孫宿如衛八月螽無傳為ナセリ災故書
冬十月衛侯使孫林父來聘壬戌及孫林父盟楚
公子貞帥師圍陳十有二月
公會晉侯宋公陳侯衛侯曹

伯莒子邾子于鄬謀救陳〻侯逃歸不成救故不書救也鄬鄭地鄭伯髡頑如會未見諸侯丙戌卒于鄵實為子駟所弒以瘧疾赴故不書弒稱名為書卒同盟故也如會〻於鄬也未見諸侯未至會所而死鄵鄭地不欲再稱鄭伯

而死鄵鄭地不欲再稱鄭伯故約文上其名於會上

陳侯逃歸畏楚逃晉而歸

傳

七年春郯子來朝始朝公也

夏四月三卜郊不從乃免牲

孟獻子曰吾乃今而後知有

孟獻子曰吾乃今而後知有

卜筮夫郊祀后稷以祈農事

也郊祀后稷以配天后稷周始祖能播殖者是故

啓蟄而郊郊而後耕今既耕

而後卜郊宜其不從也啓蟄夏正

建寅之月耕謂春分南遺爲費宰費季氏邑

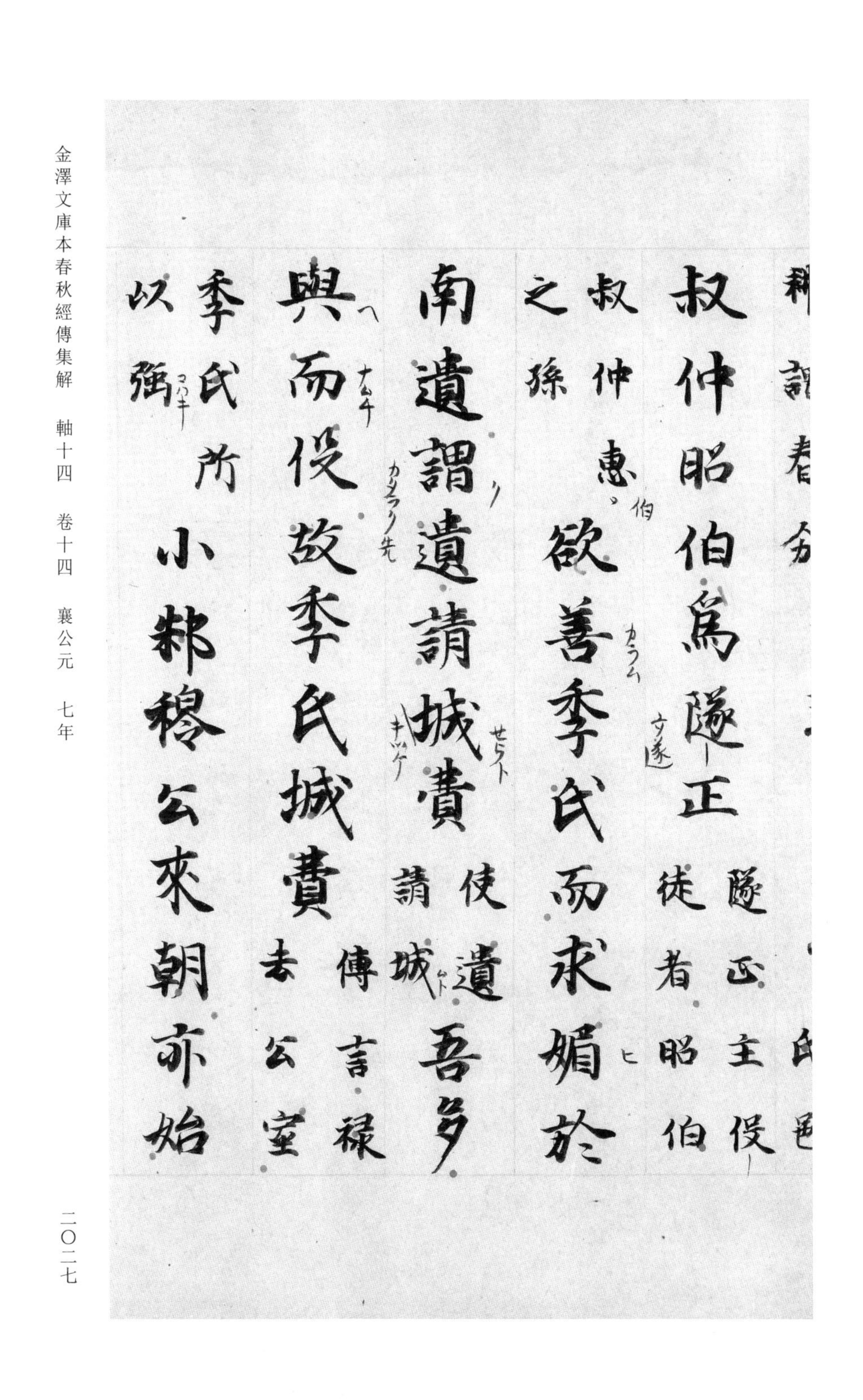

叔仲昭伯爲隧正（隧正主役徒者昭伯叔仲惠伯之孫）欲善季氏而求媚於南遺謂遺請城費（使遺請城）吾多與而役故季氏城費（傳言祿去公室季氏所以强）小邾穆公來朝亦始

以強

朝公也亦鄭子也秋季武子如衛報子叔之聘且辭緩報非貳也子叔聘在元年言國家多難故不時報冬十月晉韓獻子告老公族穆子有廢疾穆子韓厥長子成十八年爲公族大夫

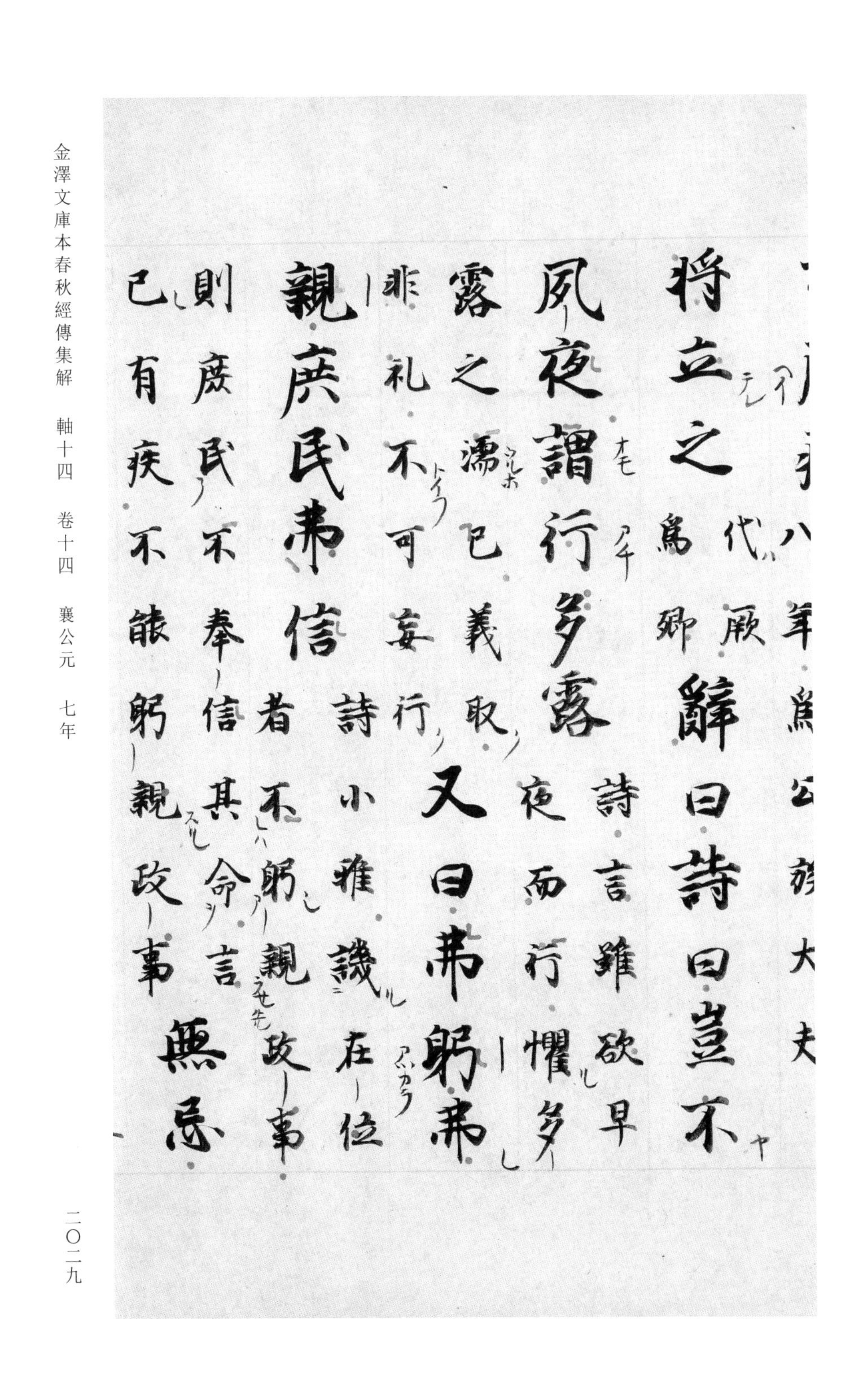

□□□八年爲公族大夫

將立之代厥爲卿辭曰詩曰豈不

夙夜謂行多露詩言雖欲早夜而行懼多

露之濡己義取非礼不可妄行又曰弗躬弗

親庶民弗信詩小雅識在位者不躬親政事

則廢民不奉信其命言己有疾不能躬親政事無忌

已有疾不能躬親政事

不才讓其可乎請立起也無忌

穆子名起無忌弟宣子也

與田蘇游而曰好仁

田蘇晉賢人

詩曰靖共爾位好是正直神之聽之介爾景福

蘇言起好仁

請安也介助也景大也

詩小雅言君子當思

不出其位求正直之人與之
並立如是則神明順之致大
福也恤民為德靖共其位正直所以恤民
正直為正正己心正曲為直正人曲參
和為仁德正直三者備乃為仁如是則
神聽之介福降之立之不亦

乎言起有此三德故可立庚戌使宣子
朝遂老韓厥致仕晉侯謂韓無忌
仁使掌公族大夫為之師長衛孫
文子來聘且拜武子之言緩報
非貳之言而尋孫桓子之盟盟在成三

之言[illegible]成三

年公登亦登禮登階臣後君一等叔孫

穆子相趨進曰諸侯之會寡

君未嘗後衛君敵體並登今吾子

不後寡君〻〻未知所過吾

子其少安徐孫子無辭亦

無悛容（悛改）穆叔曰孫子必
亡（也）為臣而君過而不悛亡之
本也詩曰退食自公委蛇委
蛇（委蛇順貌詩召南言人臣自公門入私門無不順礼）
謂從者也（從順也）衡而委蛇必

折衡横也。不順道必毀折。爲十四年林父逐君張本

楚子囊圍陳會于鄬以救之晉會諸侯

鄭僖公之爲大子也於成之十六年魯成公與子罕適

晉不禮焉又與子豐適楚亦

不禮焉子豐穆公子及其元年朝
于晉鄭僖元年魯襄三年子豐欲愬諸
晉而廢之子罕止之及將會
于鄬子駟相又不禮焉侍者
諫不聽又諫殺之及鄵子駟

使賊夜弒僖公而以瘧疾赴于諸侯傳言經所以不書弒簡公生五年奉而立之僖公子陳人患楚楚圍陳故慶虎慶寅謂楚人曰吾使公子黃往而執之二慶陳執政大

執政大
夫公子黃哀公弟
楚人從之
爲執黃
二慶使告陳侯于會鄬之會曰楚
人執公子黃矣君若不來羣
臣不忍社稷宗廟懼有二圖
背君屬楚
陳侯逃歸
鄬會所以不書救

屬楚　不書救

經八年春王正月公如晉夏葬

鄭僖公無傳鄭人侵蔡獲蔡公

子燮鄭子國稱人刺其無故

侵蔡以生國患燮蔡莊

公之季孫宿會晉侯鄭伯齊

子人宋人衛人邾人于邢丘

時公

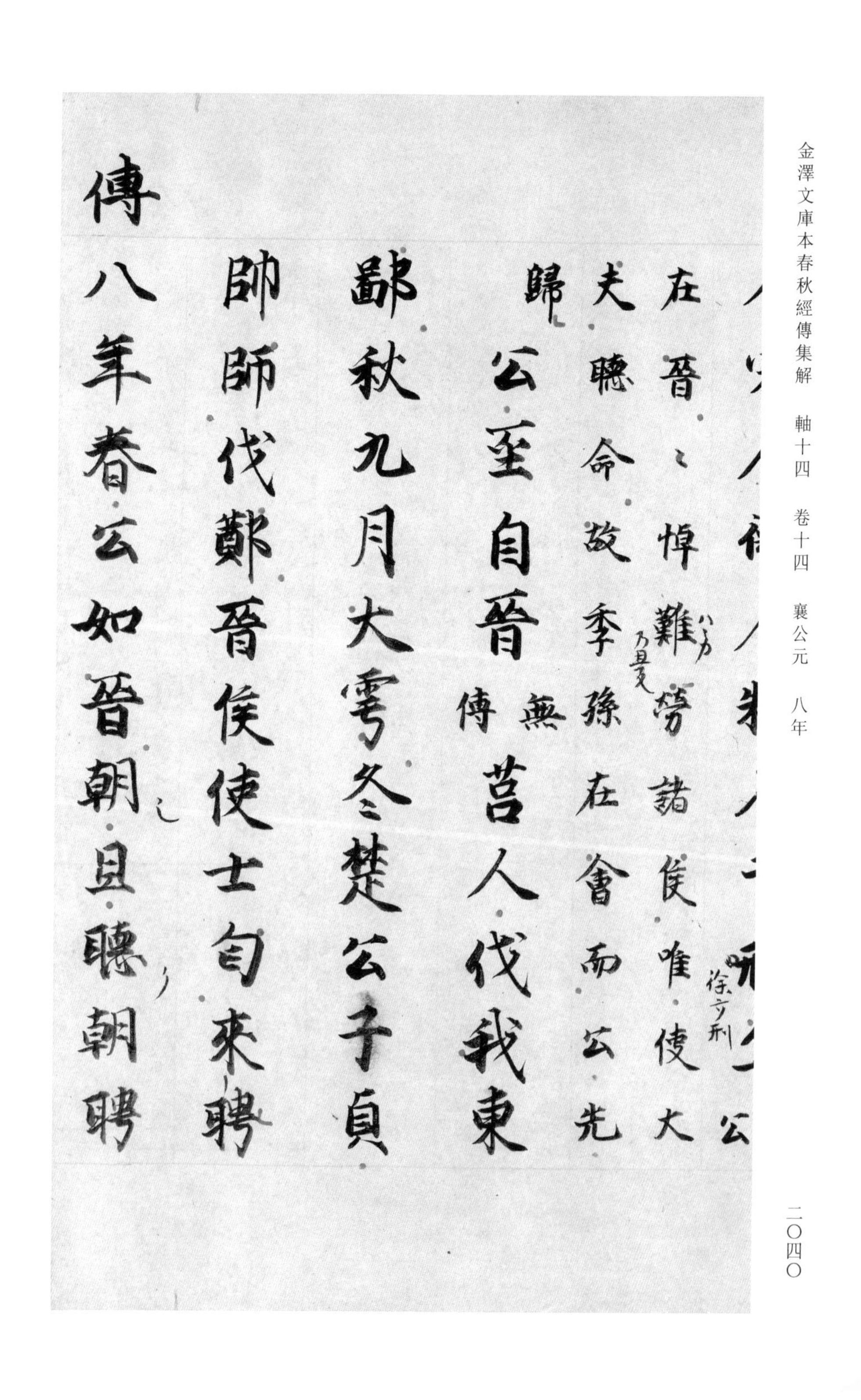

人宋人衛人邾人于邢丘公
在晉〻悼難勞諸侯唯使大
夫聽命故季孫在會而公先
歸
公至自晉無傳莒人伐我東
鄙秋九月大雩冬楚公子貞
帥師伐鄭晉侯使士匄來聘
傳
八年春公如晉朝且聽朝聘

之歎晉悼復脩霸業故朝而稟其多少鄭羣公子以僖公之死也謀子〻駟〻先之夏四月庚辰辟殺子狐子熙子侯子丁辟罪也加罪以𢧐之孫擊孫惡出奔衛二孫子狐之子

之孫擊孫惡出奔衛狐之子

庚寅鄭子國子耳侵蔡獲蔡司馬公子燮鄭侵蔡欲以求媚於晉子國子耳子良之子不言敗唯以獲告也鄭人皆喜唯子產不順子產子國子不順衆而喜曰小國無文德而有武功禍莫大焉

楚人來討能勿從乎從之晉
師必至晉楚伐鄭自今鄭國
不四五年弗得寧矣子國怒
之曰爾何知國有大命而有
正卿童子言焉將為戮矣

大命

起師行軍之命

五月甲辰會于刑（邢）丘以命朝聘之數使諸侯之大夫聽命季孫宿齊高厚宋向戌衛甯殖邾大夫會之晉難重煩諸侯故使大夫聽命鄭伯獻捷于會故

大夫聽命鄭伯獻捷于會故親聽命獻蔡捷也大夫不書尊晉侯也晉悼復文襄之業制朝聘之節儉而有礼德義可尊故退諸侯大夫以崇之莒人伐我東鄙以疆鄫田莒既滅鄫魯侵其西界故伐魯東鄙以正其封疆秋九月大雩旱也

其封疆

冬楚子囊伐鄭討其侵蔡也

子駟子國子耳欲從楚子孔

子蟜子展欲待晉待晉來救子孔穆公子〻蟜子游子子展子罕子子駟曰周詩

有之曰俟河之清人壽幾何

逸詩也言人壽促而河清遲喻晉之不可待

兆云詢多職競作羅

兆卜詢謀也職主也言既卜且謀多則競作羅羅網之難無成功

謀之多族

族家也

民之多違

也

事滋無成

滋益也

民急矣姑從楚以紓吾民

晉師至吾又從之敬共幣帛
以待來者小國之道也犧牲
玉帛待於二竟二竟晉楚界上以待
彊者而庇民焉寇不爲害民
不罷病不亦可乎子展曰小

所以事大信也小國無信兵亂日至亡無日矣五會之信謂三年會雞澤五年會戚又會城棣七年會鄬八年會邢今將背之雖楚救我將安用之言失信得楚不足貴親我無成晋親

用之楚不足貴親我無成親鄭鄙我是欲楚欲以鄭為鄙邑而反欲与成言子駟不可從也不可從不如待晉晉君方明四軍無闕八卿和睦必不棄鄭四軍謂上中下新軍也軍有二卿楚師遼遠糧食將盡必將

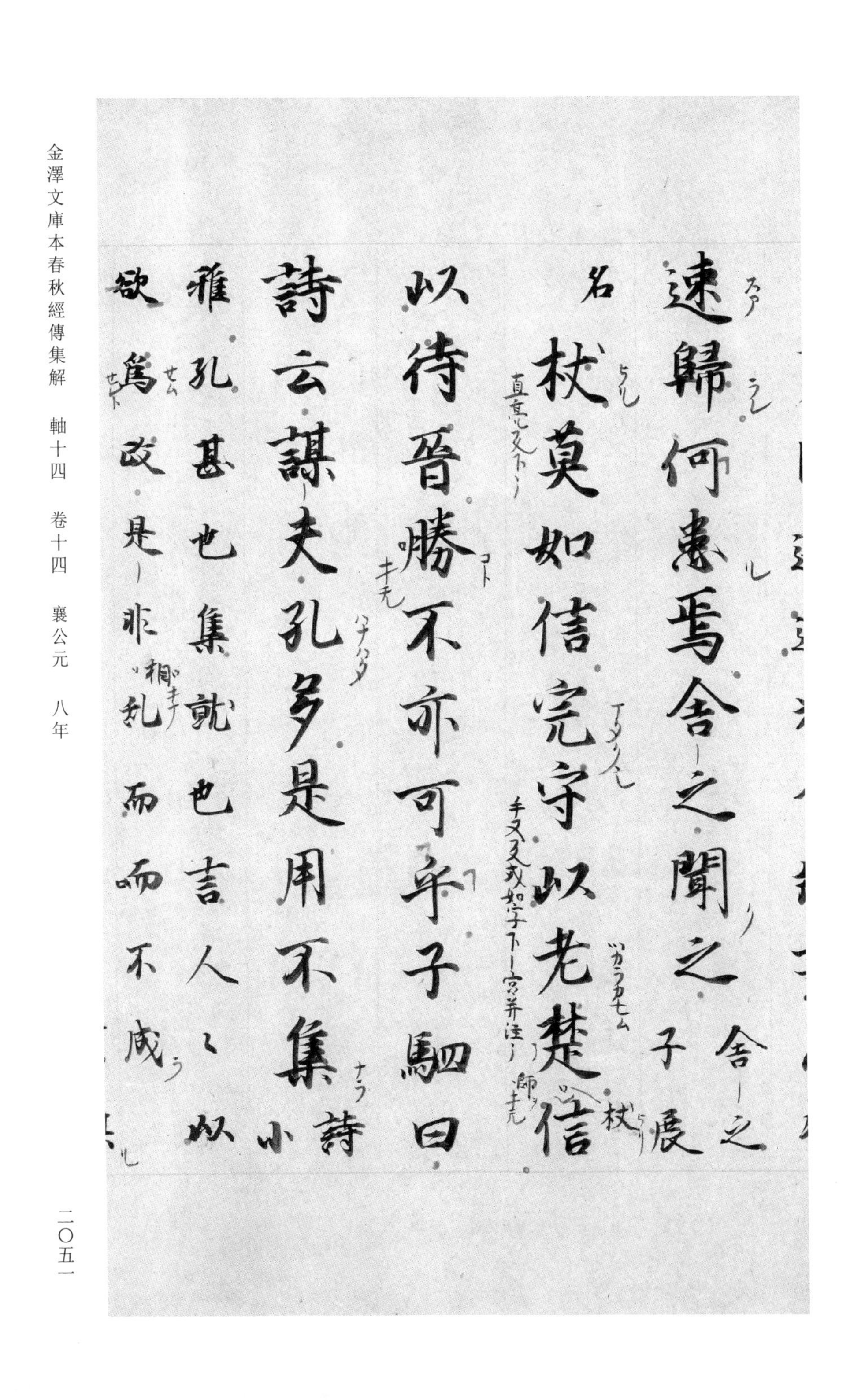

速歸何患焉舍之聞之舍之子展

名杖莫如信完守以老楚杖信

以待晉勝不亦可乎子駟曰

詩云謀夫孔多是用不集詩小

雅孔甚也集就也言人ゝ以

欲爲改是非相乱而咖不成

欲與改是非亂不成
發言盈庭誰敢執其咎言謀者多
若有不善無適
受其咎責者如匪行邁謀
是用不得于道匪彼也行邁
謀於路人
也不得于道
衆無適從請從楚騑也受
其咎騑子
駟名乃及楚平使王子
伯駢

伯駢告于晉伯駢鄭大夫曰若命

敝邑脩而車賦儆而師徒以

討亂略蔡人不從敝邑之人

不敢寧處悉索敝賦索盡也以

討于蔡獲司馬燮獻于邢丘

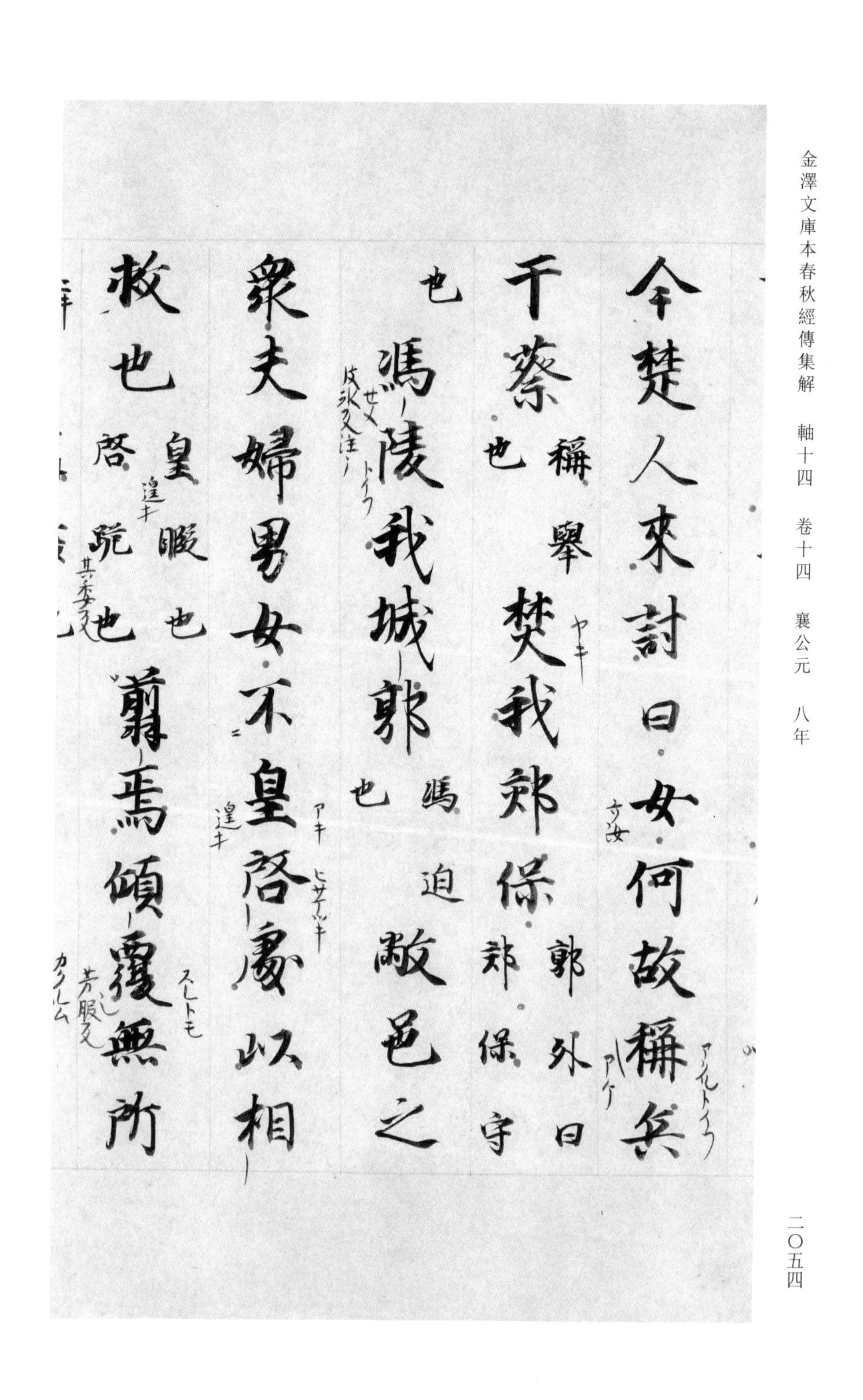

今楚人來討曰女何故稱兵
于蔡稱舉也焚我郊保郭外曰郊保守
也馮陵我城郭馮迫也敵邑之
衆夫婦男女不皇啓處以相
救也皇暇也啓跪也翦焉傾覆無所

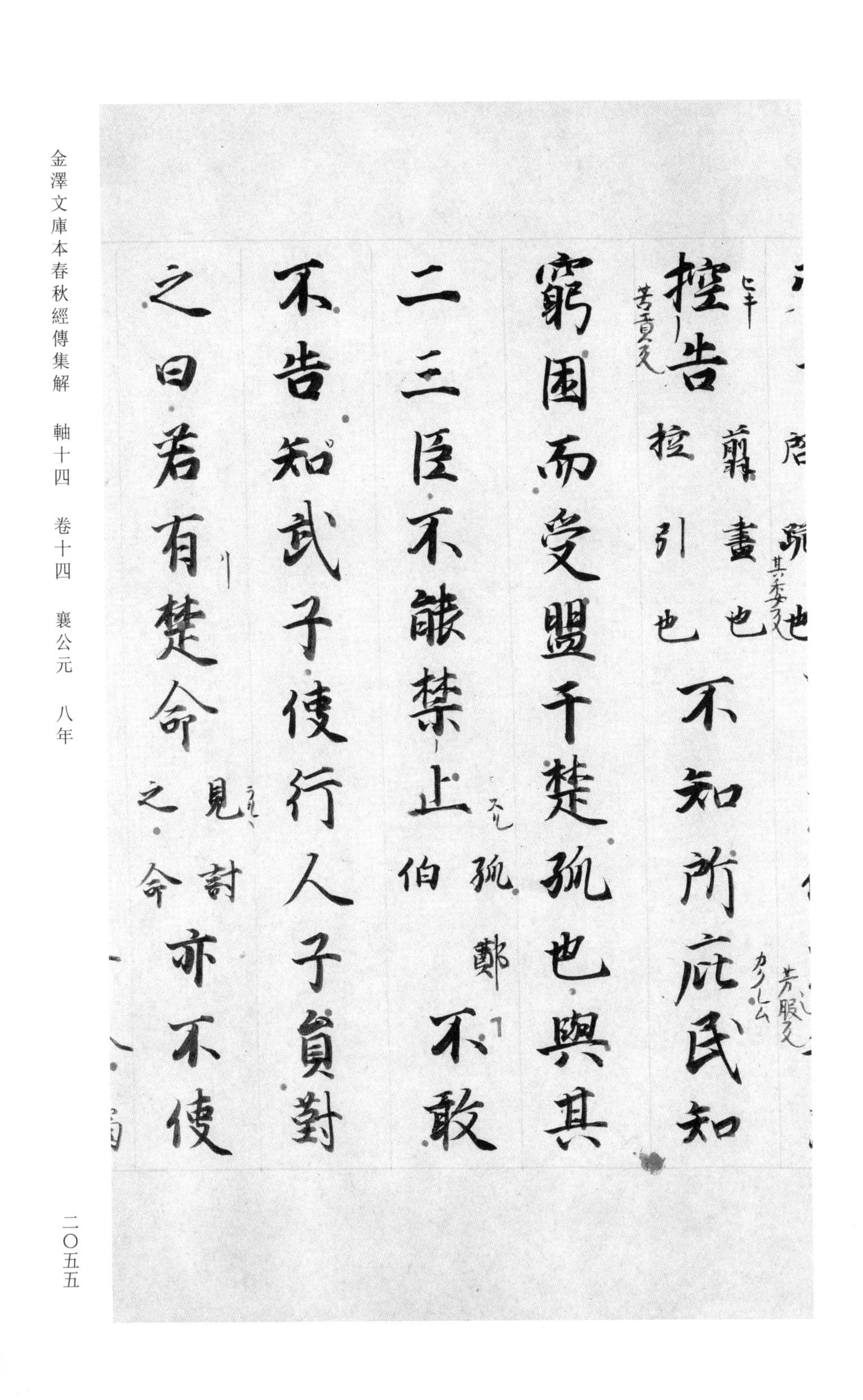

控告蔇盡也控引也不知所庇民知
窮困而受盟于楚孤也與其
二三臣不能禁止孤鄭伯不敢
不告知武子使行人子員對
之曰若有楚命見討之命亦不使

一介行李告于寡君（一介獨使也行李行人也）而即安于楚君之所欲也誰敢違君寡君將帥諸侯以見于城下唯君圖之（為明年晉伐鄭傳）

晉范宣子來聘且拜公

之辱謝公比春朝告將用師于鄭公享之宣子賦摽有梅摽有梅詩召南摽落也梅盛極則落詩徐扶紗反又扶表反人以興女乞色盛則有襄衆士求之宜及其時宣子欲魯及時共討鄭取其汲ゝ相赴季武子曰誰敢哉言誰敢不從命今譬

本亦作辟

於草木寘若在之臭味也[言同類]歡以兼命何時之有[遲速無時]武子賦角弓[角弓詩小雅取其兄弟昏姻無相遠矣]賓將出武子賦彤弓[彤弓天子賜有功諸侯之詩欲使晉君繼文之業復受彤

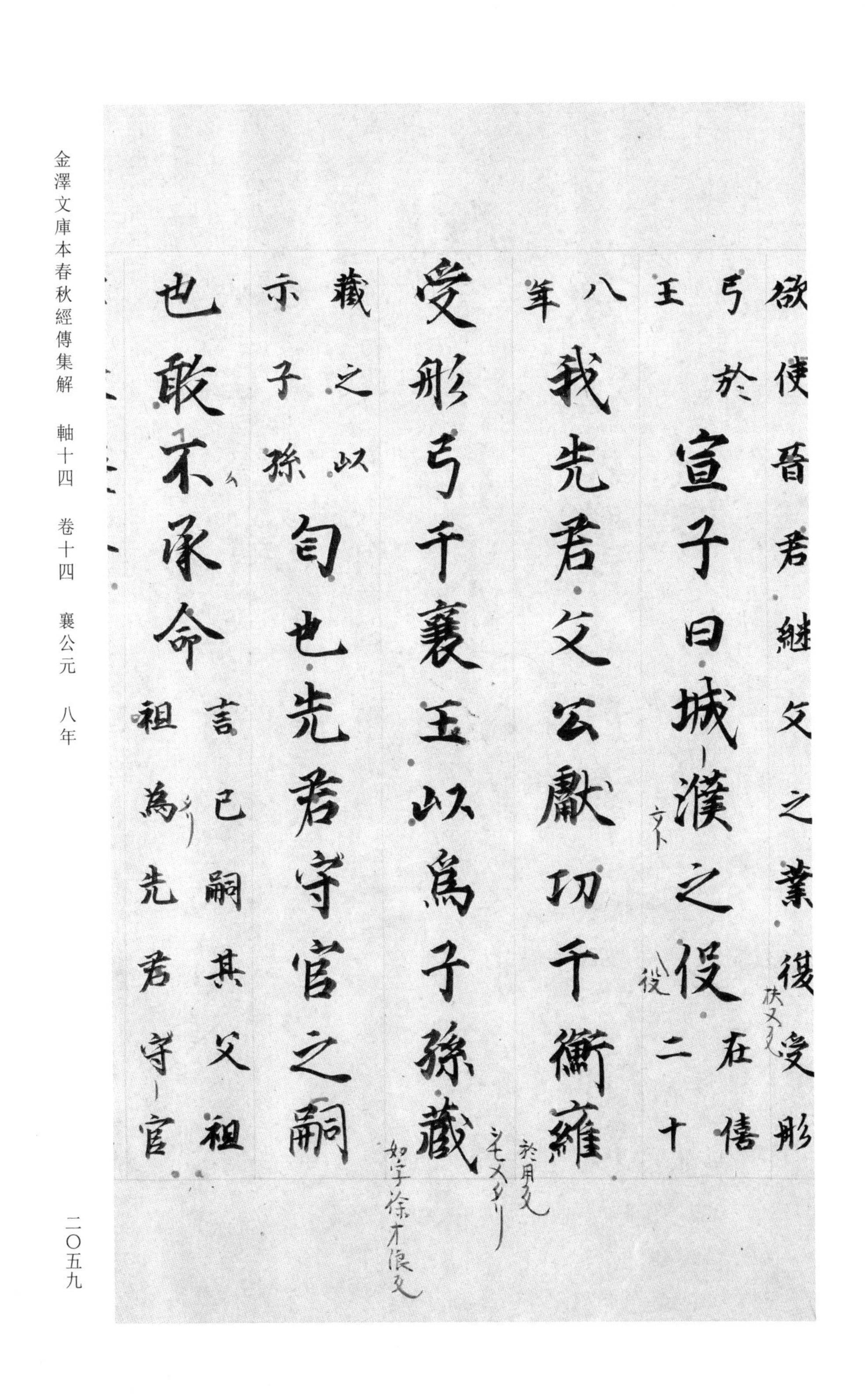

欲使晉君繼文之業復受彤弓於王宣子曰城濮之役在僖二十八年我先君文公獻功于衡雍受彤弓于襄王以爲子孫藏藏之以示子孫匄也先君守官之嗣也敢不承命言已嗣其父祖祖爲先君守官

禮爲先君守官

不敢廢命敬匡晉君君子以爲知禮彤弓

之義〻在晉君故范匄受之所謂知禮也

正廿

經

九年春宋災天火曰災來告故書夏季

孫宿如晉五月辛酉夫人姜

氏薨成公母也秋八月癸未葬我

小君穆姜無傳四月而葬速冬公會

晉侯宋公衛侯曹伯莒子邾

子滕子薛伯杞伯小邾子齊

世子光伐鄭十有二月己亥

同盟于戲伐鄭而書同盟則鄭受盟可知傳書

鄭受盟可知傳書

十一月已亥以長歷推之十二月無已亥經誤戲鄭地

楚子伐鄭

傳九年春宋災樂喜為司城以為政樂喜子罕也為政卿知將有火災素戒為備火之政使伯氏司里伯氏宋大夫司里之宰

挶　其録反

司里〻宰

火所未至徹小屋塗大屋　大屋

難徹就　陳畚挶具綆缶　畚簣

塗之　籠挶

土轝綆汲索缶汲器　備水器　盆鑑之屬　量輕

重　計人力所任　蓄水潦積土塗巡

文城繕守備　巡行也文度也繕治也行度守

缶　方九反　汲水瓦器

倫之處恐因災有亂表火道火起則從其所趣摽表之使華臣具正徒華臣。華元子為司徒正徒役徒也司徒之所主也令隧正納郊保奔火所隧正官名也五縣為隧納聚郊野保守之民使隨火所趍往救之使華閱討右官

趣行救之

官庀其司亦華元子代元為右師討治也庀具也向

使具其官屬向戌討左亦如之戌樂

左師使樂遄庀刑器亦如之遄

司寇刑器刑書使皇鄖命校正出馬皇鄖

工正出車備甲兵庀武守

皇父充石之後挍正主馬使
工正主車使各脩其官
西鉏吾庀府守鉏吾大宰也
府六官之典
令司宮巷伯儆宮司宮奄臣
巷伯寺人
皆掌宮二師令四鄉正敬享
內之事
二師左右師也也
鄉正鄉大夫享祀也
祝宗用馬

邪正邪大夫享祀也

于四墉祀盤ー庚于西門之外

祝大祝宗ゝ人墉城也用馬（本文作庸か）（字亦作般步干反）

祭于四城以禳火盤庚殷王（ハラフ）（火）（如羊反）

宋之遠ー祖城積ー陰之氣故祀

之凡天災有幣無牲用馬祀

盤庚皆　晉侯問於士弱　弱士

非礼　渥ー濁（於角反）

之子

莊子　曰吾聞之宋災於是乎（アル）

莊子

知有天道何故問宋何故自知天道將災

對曰古之火正或食於心或

食於咮以出内火是故咮爲

鶉火心爲大火謂火正之官配食於火星

建辰之月鶉火星昏在南方

則令民於火建戌之月大火

則令民放火建戌之月大火

星伏在日下夜不得見

則令民内火禁放火

陶唐氏之火正閼伯（於葛反）居商丘

陶唐堯有天下號閼伯（高辛氏之子傳曰遷閼伯）于商丘主辰〻

大火也今為宋星然則商丘在宋地

祀大火而火紀時焉

謂出内火時

相（息亮反注）土因之故商主大火

時相土契孫商之祖也始代閼伯之後居商丘祀大火商人閱其禍敗之釁必始於火是以日知其有天道也閱猶數也商人數所更歷恒多火災宋是殷商之後故知天道之災必火公曰可必乎對曰在道國

亂無象不可知也言國無道則災變亦殊故不可必知夏季武子如晉載宣子之聘也宣子聘在八年穆姜薨於東宮大子宮也穆姜淫僑如欲廢成公故徙居東宮事在成十六年始往而筮之遇艮之

今案出也者出東宮也

十亡年

八䷳艮下艮上周礼大卜掌三易然則雜用連山歸藏周易二易皆以七八為占故言遇艮之八史曰是謂艮之隨䷐震下兌上隨史疑古易遇八為不利故更以周易占變爻得隨卦而論之隨其出也史謂隨非閉固之卦君必速出姜

曰亡亡猶是於周易曰隨元
無也易筮皆以變者
亨利貞無咎占遇一爻變義
異則論彖故姜亦以彖爲占
也史據周易故指言周易以
折之元體之長也亨嘉之會也
利義之和也貞事之幹也體

嘉德易作嘉會

仁足以長人嘉德足以合禮利物足以和義貞固足以幹事然故不可誣也是以雖隨無咎〔言不誣四德乃遇隨無咎明無四德者則爲淫而相隨非吉事〕今我婦人而與於亂

非吉事

固在下位婦人卑於丈夫而有不仁

不可謂元不靖國家不可謂

亨作而害身不可謂利棄位

而姣姣淫之別名不可謂貞有四

德者隨而無咎我皆無之

德者[illegible]隨而無咎我皆無之
豈隨也哉我則取惡能無咎
乎必死於此弗得出矣傳言穆姜
辯而不德
秦景公使士雃乞師于
楚將以伐晉楚子許之囊曰
不可當今吾不能與晉爭晉

選息戀反

君類能而使之隨所能擧不失

選得所官不易方方猶宜也其卿

讓於善選讓勝己者也其大夫不失守

各任其職其士競於教奉上命其庶

人力於農穡種曰農收曰穡商工皁

[illegible]收曰穡

隸不知遷業四民不雜韓厥老矣

知罃稟焉以爲政代將中軍范匄

少於中行偃而上之使佐中

軍使匄佐中軍偃將上軍之韓起少於欒

黶而欒黶范鞅上之使佐上

黶而欒黶士魴上之使佐
於斤反
軍黶魴讓起〻佐上軍黶將下軍魴佐之魏絳
多功以趙武為賢而為之佐
武新軍將君明臣忠上讓下競尊官
相讓勞職力競當是時也晉不可敵
事之而後可君其圖之王曰

吾既許之矣雖不及晉必將

出師秋楚子師于武城以爲

秦援秦人侵晉〻饑弗能〻

報也爲十年晉伐秦傳也冬十月諸侯

伐鄭鄭從楚也庚午季武子齊崔

鄟 文專本亦作專

[illegible]楚也[illegible]

杼宋皇鄖從荀罃士匄門于鄟門 鄟城門也三國從中軍 衛北宮括曹人邾人從荀偃韓起門于師之梁 師之梁亦鄭城門三國從上軍 滕人薛人從欒黶士魴門于北門

二國從下軍杞人郳人從趙武魏絳斬行栗二國從新軍行栗表道樹甲戌師于汜衆軍還聚汜汜鄭地東汜令於諸侯曰脩器備兵器戰備盛餱糧餱乾食歸老幼示將久師居疾于虎牢

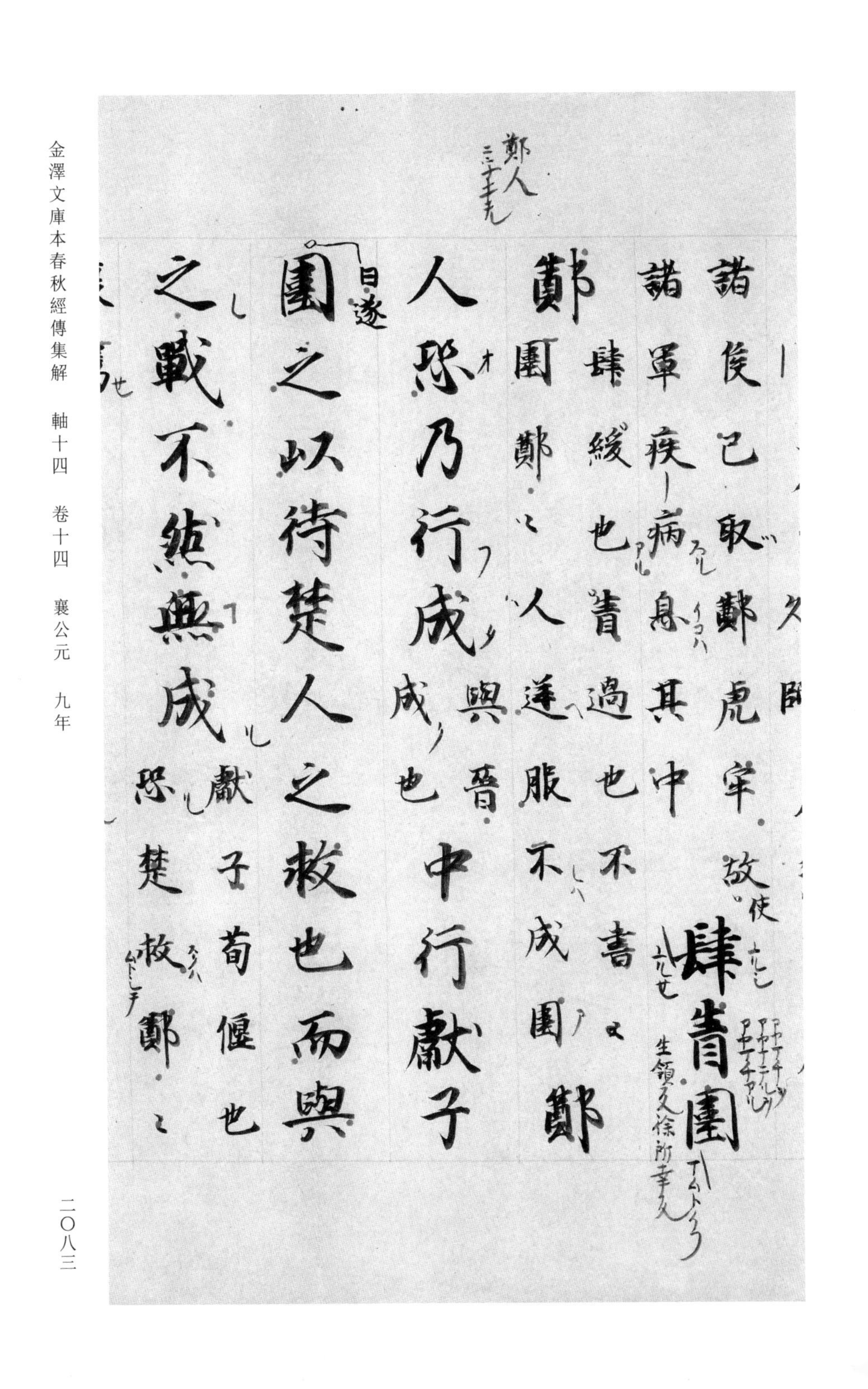

諸侯已取鄭虎牢故使諸軍疾病息其中肆眚生領反又徐所幸反圍
鄭肆緩也眚過也不書圍鄭鄭人逆服不成圍鄭
人恐乃行成與晉成也中行獻子
曰遂圍之以待楚人之救也而與
之戰不然無成獻子荀偃也恐楚救鄭

復厲之也知武子曰許之盟而還

師以敝楚人敝罷也吾三分四

軍分四軍為三部與諸侯之銳以逆

來者來者楚也於我未病楚不能

矣晉各一動而楚三來故曰不能猶愈於戰

暴　蒲卜反　注ノ徐扶沃反

三來故曰不能勝衆戰也

暴骨以逞不可以爭　言爭當以謀不可以暴骨

大勞未艾君子勞心小人勞力先王之制也　艾息也言當從勞心之勞

諸侯皆不欲戰乃許鄭成十一月己亥同盟于戲

鄭成十一月己亥同盟于戲

鄭服也鄭服故言同將盟鄭六卿

公子騑子駟公子發子國公孫嘉子孔

公孫輒子耳公孫蠆子蟜公孫舍

之子展及其大夫門子皆從鄭

伯門子卿之適子晉士莊子爲載書

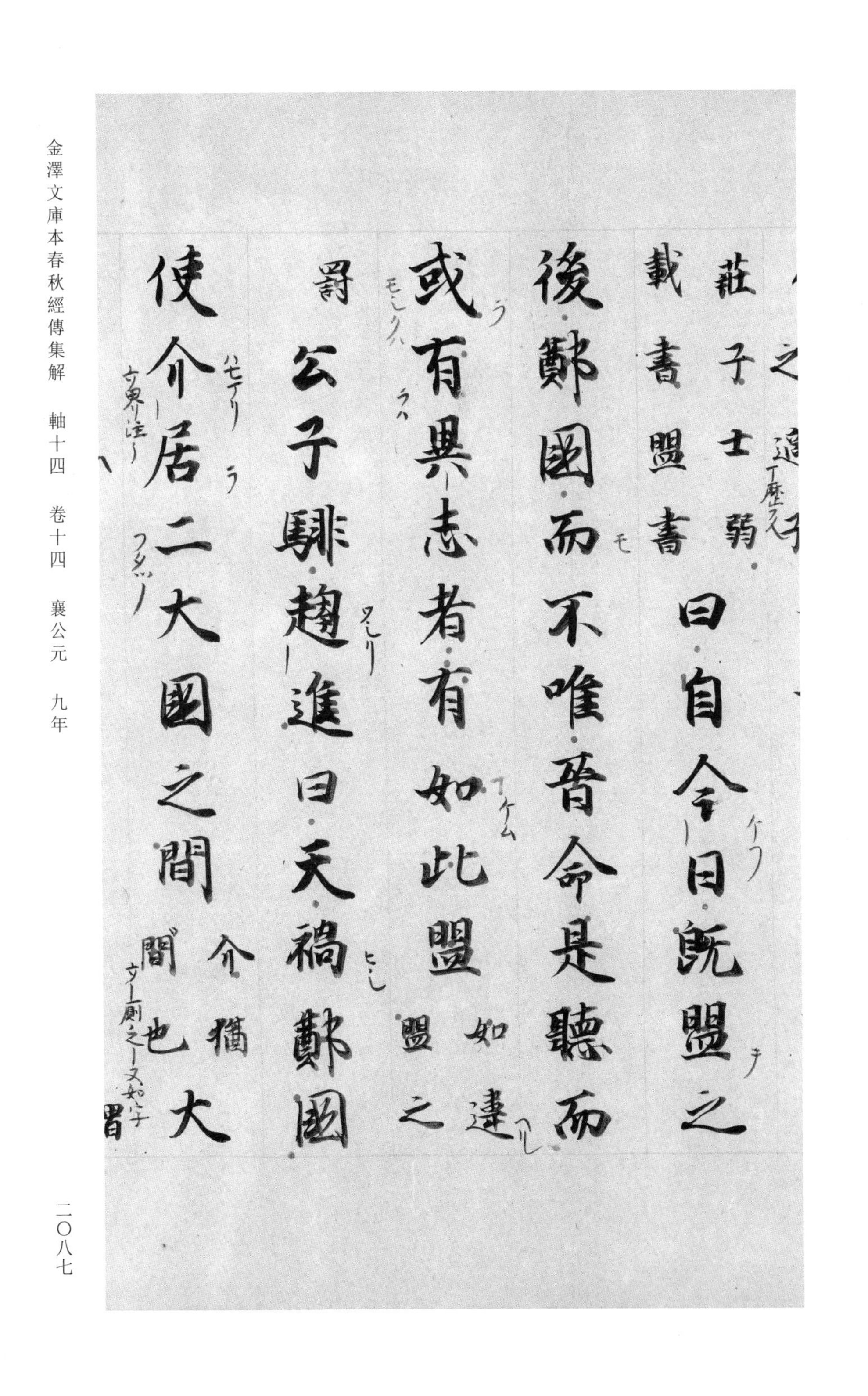

之進子

莊子士弱載書盟書曰自今日既盟之

後鄭國而不唯晉命是聽而

或有異志者有如此盟如違盟之

罰公子騑趨進曰天禍鄭國

使介居二大國之間介猶間也大

閭

闇也　謂
國不加德音而亂以要之　以
兵亂之力　使其鬼神不獲歆
強要鄭
其禋祀其民人不獲享其土
利夫婦辛苦墊隘無所厎告
墊隘猶委
頓厎至也　自今日既盟之後

[illegible][illegible]至也

鄭國而不唯有禮與彊可以

庇民者是從而敢有異志者

亦如之亦如比盟荀偃曰改載書

子駟亦以所言載於策故欲改也公孫舍之

曰昭大神要言焉要誓以告神若

可改也大國亦可叛也知武子謂獻子曰我實不德而要人以盟豈禮也哉非禮何以主盟始姑盟而退脩德息師而來終必獲鄭何必今日我

之不德民將弃我豈唯鄭若
能休和遠人將至何恃於鄭
乃盟而還遂兩用載書晉人不得
志於鄭以諸侯復伐之十二
月癸亥門其三門三門鄟門師之梁北

門也癸亥月五日晉果閏月
三分其軍各攻一門以長歷參
戊寅濟于陰阪鄭枝上下北
年不得有閏月戊寅戊寅是
十二月二十日疑閏月當爲
門五日五字上與門合爲閏
則後學者自然轉日爲月晉
人三番四軍更攻鄭門各
五日晉各一攻鄭三受敵欲

五日晉各一攻鄭三受敵欲
以苦之癸亥去戊寅十六日
以癸亥始攻々輙五日凡十
五日鄭故不服而去明日戊
寅濟于陰阪復侵鄭外邑陰
阪洧津次于陰口而還陰口鄭地名
子孔曰晉師可擊也師老而
勞且有歸志必大克之子展

曰不可傳言子展能守信公送晉〻

侯〻以公宴于河上問公年

季武子對曰會于沙隨之歲

寡君以生沙隨在成十六年晉侯曰

十二年矣是謂一終一星終

也歲星十二年而一周天國君十五而生子冠而生子禮也冠成人之服故必冠而後生子君可以冠矣大夫盡為冠具武子對曰君冠必以祼享之禮行之祼謂灌鬯酒也享祭先君

祼享之禮行之也享祭先君也以金石之樂節之以鐘磬為舉動之節以先君之祧處之諸侯以始祖之廟為祧今寡君在行未可具也請及兄弟之國而假備焉晉侯曰諾公還及衛冠于成

晉侯曰諾公還及衛冠于成

公之廟成公今衛獻公之曽祖從衛所處假

鐘磬焉禮也楚子伐鄭與晉成故

子駟將及楚平子孔子蟜曰

與大國盟口血未乾而背之

可乎子駟子展曰吾盟固云

唯彊是從今楚師至晉不我
救則楚彊矣盟誓之言豈敢
背之且要盟無質神弗臨也
質主也所臨唯信〻者言之瑞也
瑞符也善之主也是故臨之神臨

中分並如字徐方丁仲反

也……臨

之明神不蠲要盟蠲絜也背之

切古玄反

可也乃及楚平公子罷戎入

方皮徐方彼

盟同盟于中分中分鄭城中里名罷戎楚

大夫楚莊夫人卒共王母王未能

定鄭而歸晉侯歸謀所以息

[illegible]鄭不[illegible]晉侯歸謀所以息

民魏絳請施舍施思惠舍勞役輸輸

積聚以貸輸盡也自公以下苟

有積者盡出之國無滯積散

在民亦無困人之不遺公無禁利

與民亦無貪民禮讓祈以幣

共行

兵

更不用牲賓以特牲務崇省器用

不作因仍舊車服從給足給事也行

之期年國乃有節三駕而楚

不能與爭三駕三興師謂十年師於牛首十一

年師於向其秋觀兵於

鄭東門自是鄭遂服

鄭東門自是·鄭道肌[illegible]

春秋卷第十四

經六千八百三十二字
注五千三百八十二字

正安元年九月廿二日以書

博士後隆朝臣之本令寫點校

[illegible]

從五位下行越後守平朝臣

本奥云

文永二年閏四月十五日

授愚息音儒了

大外記　在判

大外記

弘安元年十月十二日授申
越後左近大夫将監尊閤畢
此書至廿九卷捧読先畢
而十四十五先君御時回禄
成孽重以有書點々闕越卷

此篇重以有書點之所起卷
有訓詁之故也
音博士清原（花押）
嘉元三年七月六日以家說
奉授越後守殿了
直講清原宗尚

直講清原宗尚